학교를 떠난 교사 셋의 **재충전, 파격, 파견** 에세이

Unpack,
교사 셋 파견행

레인보우북스
Rainbow BOOKS

책을 펴내며

흔들리지 않고 피는 꽃이 어디 있으랴?

교사 5호♂, 7호♂, 8호♀. 우리 세 사람은 같은 대학교에서 만나 비슷한 시기 힘든 수험생 시절을 지나 임용 시험에 합격했다. 풋풋한 신규 교사로 거듭난 우리는 이제야 꽃이 되었다는 몽상 속 교직 생활을 시작했다. 젊다는 이유로 아이들과 동료 선생님들의 예쁨도 많이 받았다. 그런데 1급 정교사 자격 연수를 받고 학교를 한 번 옮기고부터는 학생들뿐만 아니라 선생님들도 젊다는 이유로 무조건 좋아해 주지 않았다. 실력이 조금 부족해도 젊음과 열정이 부족함을 덮던 시기가 서서히 지나고 있었다. 우리를 힘들게 하는 학생들도 하나둘씩 생겨나기 시작했고 칭찬 일색이던 선생님들의 눈빛도 달라졌다. 학교 안에서 기대는 자꾸 늘어났지만 정작 기댈 수 있는 곳은 많지 않았다.

보다 전문성 있는 교사가 되고자 발버둥 쳤고 그 문제가 어느 정도 해결되고 있다는 착각에 안도하는 순간도 있었다. 문제는 1급 정교사는 몇 숟가락의 전문성은 더 있을지언정 연식의 문제로 배터리 닳는 속도가 2급 정교사보다 월등히 빨랐다. 이것이 우리를 영영 피해 다닐 것만 같던, 소위 말하는 '소진'이라는 건가? 정말 그랬다. 충분히 흔들리고 이제는 진짜 꽃이 되었다는 생각이 들 무렵 우리는 또 한 번 흔들리기 시작했다. 학교가 사각의 링은 아니지만 여기저기서 두들겨 맞은 탓에 우리는 완벽한 '그로기 상태'였다. 무언가 방법을 찾아 나서야만 했다.

연배 있는 선배 교사들은 안식년 혹은 연구년을 갖기도 한다. 하지만 우리는 학교에서 짬밥이 아직 부족했다. 그래서 기댈 곳은 교사 파견제도였다. 파견제도마다 취지, 기간, 장소 등이 조금씩 차이는 있지만 정식 명칭에는 일반적으로 특별 연수, 교환 연수 등의 이름이 붙는다.

사실, 어떤 교사든 교직에 들어서면 다양한 파견제도에 관심 가지게 되는 순간이 온다. 선배 교사들을 통해 이리저리 주워듣거나 공문을 찾아보며 자격 기준을 검토해본다. 정말로 파견을 간다면 어떨지 상상해보기도 한다. 초임 교사 시절에는 자격 기준 미달이라 문서를 컴퓨터 한 켠에 저장해 두고는 잊어버린다. 서서히 경력이 쌓여 자격 기준에 도달하거나 그를 초과할 때쯤이면 여러 가지 이유로 지원이 망설여진다. 특별한 계기가 없는 이상 지원이 쉽지 않은 것이다. 학교에서 '누가, 어디에 파견을 다녀왔다'는 말을 들을 때면 관심 있게 직접 찾아가 물어보기도 한다. 하지만 지원 동기부터 준비 과정, 길든 짧든 좌우지간 2년 내외의 파견 생활을 자세히 듣기란 쉽지 않다. 직접 파견을 경험해보니 왜 그랬는지 이해가 된다. 그래서 교사들의 파견 생활은 베일에 가려져 있는 경우가 많다. 엄밀히 말하면 모든 교사는 잠재적인 파견 대상자임에도 불구하고 파견 정보와 실제 생활을 들여다보기란 쉽지 않다. 그래서 우리 세 사람은 각자 경험한 파견 생활을 정리해 보여주고자 글을 모으기 시작했다.

청주행 교사 5호는 한국교원대학교, 서울행 교사 7호는 서울대학교, 일본행 교사 8호는 츠쿠바대학교에 다녀온 이야기를 각각 전반전, 후반전 혹은 1, 2, 3세트라는 틀에 나누어 담았다. 전반전에는 파견 전 교사 생활에서부터 시작하여 전반적인 지원의 과정을 담았고 후반전에는 인상 깊었던 파견 생활의 장면들을 모았다. 일본행 교사 8호의 1, 2, 3세트도 같은 맥락이다.

막상, 글을 모아놓고 보니 분투하는 교사 세 명의 삶에 관한 담백한 이야기가 녹아있었다. 꼭 파견을 꿈꾸는 교사가 아니더라도 교직 안에서 함께 성장하는 교사들, 마음속에 교사를 품은 학생이나 예비교사들이 읽어도 좋을 교직 생활의 단편을 담았다. 그래서 이 책은 특별한 순서가 없이 읽어도 좋다. 호기롭게 바다를 건넌 여교사의 감성 짙은 해외 파견 이야기가 궁금하다면 8호의 이야기부터 읽어도 된다. 목차를 보고 각각 궁금한 이야기를 먼저 찾아보는 것도 괜찮다. 단,

평소에 짬을 중요하게 여기거나 연구와 육아를 병행하는 파견 남교사들의 이야기가 궁금한 사람은 순서대로 읽어볼 것을 추천한다.

언팩(Unpack)은 여행 가방이나 포장 등 어딘가에 넣어져 있는 것을 푸는 행동을 말한다. S 전자 프리미엄 스마트폰의 공개 프리젠테이션 이름이기도 한 언팩은 무언가 베일에 싸여 있던 것을 공개한다는 뜻이다. 책을 쓰는 과정은 말 그대로 팩(Pack)화된 파견 생활을 밖으로 꺼내 보이고 우리 자신을 원래의 형태로 되돌리는 언팩의 과정이었다. 우리는 실제로 복직에 직면했었기 때문이다.

이 책이 우리 셋에게는 각자의 파견 생활에서 무엇을 배우고 깨달았는지 꺼내어 정리하는 의미로, 혹시 어딘가에서 파견을 꿈꾸는 교사들에게는 동기와 정보를, 현장에서 함께 분투하는 동료 교사들에게는 대리 만족과 힐링의 기회를 주리라 기대한다.

마지막으로 책이 나오기까지 배려를 아끼지 않은 아내와 자녀들, 아들 세현이와 딸 지안이에게 사랑의 말을 전한다. 무뚝뚝한 아들이 우뚝 설 수 있게 늘 믿고 지원해 주시는 어머니, 아버지와 모든 가족들에게도 이 자리를 빌려 감사의 말씀을 덧붙인다.

저자 대표, 청주행 교사 5호

CONTENTS

책을 펴내며 _ 05

프롤로그 _ 08

Ⅰ. 청주행 5호🕊: 한국교원대학교
  ❶ 전반전-떠날 결심 _ 10
  ❷ 후반전-파견 생활 _ 33

Ⅱ. 서울행 7호🕊: 서울대학교
  ❶ 전반전-관악산 항구로 _ 91
  ❷ 후반전-항해기 _ 116

Ⅲ. 일본행 8호우: 츠쿠바대학교
  ❶ 1set-비기너스 럭(Beginner's Luck) _ 159
  ❷ 2set-게임 체인저(Game Changer) _ 176
  ❸ 3set-매치 포인트(Match Point) _ 198

에필로그 _ 218

복직 투정(맺는 글) _ 220

프롤로그

아침에 일어나는 것은 늘 힘들다. 무거운 몸을 이끌고 차에 탄다. 시동을 걸면 자연스럽게 맞춰 놓았던 주파수에 낯익은 DJ의 목소리가 울려 퍼진다. 내 머릿속은 세상 돌아가는 이야기나 신청곡, 오늘 하루를 그려보는 일 사이 어딘가에 있다. 어떤 사연에 공감하고 신청곡을 흥얼거리다가도 어느덧 오늘 수업이 몇 교시 몇 교시이고, 몇 반 몇 반인지, 금쪽이는 어떨지, 수업은 어떻게 할지, 급식은 뭐가 나오는지, 무사한 하루를 그려보고 있다. 20분 남짓 이런 시간을 누리고 차가운 복도의 내음을 맡으며 교무실로 향하는 그 길, 이것이 나의 8년 동안의 출근길이라고 할 수 있다.

그렇게 반복되었던 나의 출근길은 급변했다. 아침에 일어나는 것은 여전히 힘들다. 9시, 대학교 연구실 출근 기준이다. 물론 연구실 생활이 어느 정도 자율과 책임에 바탕을 두기 때문에 엄격한 공무원 복무의 잣대에 비해 덜 부담스러운 것은 사실이었지만, 통근(?) 통학에 걸리는 시간이 1시간 30분으로 늘어 만만치 않았다. 대중교통을 이용해야 했고, 가방도 서적과 노트북으로 무거워졌다. 그러나 내 몸은 가볍고 기분은 유쾌했다. 지하철에 내려 캠퍼스 안으로 들어가는 버스를 타기 위해 줄을 섰다. 20대 초반으로 보이는 학생들이 과잠바를 입고 나와 같은 백팩을 메고 버스를 기다리고 있다. 웃음이 나온다. 그 웃음의 지분에는 띠동갑 혹은 그 이상 차이 나는 학생들과 함께 비슷한 모습을 하며 캠퍼스에 등교한다는 현실 인식에 의한 실소도 있었지만 가장 큰 지분은 여유롭게 꿈을 꿀 수 있다는 흐뭇함이다. 무슨 커리어에 대한 비전이나 거창한 목표를 말하는 것이 아니다. 20살 과잠바를 입고 등교하던 07년도 신입생 때와 같이 예측할 수 없는 경험들을 맞이하게 되는 것을 말한다. 새로운 환경이 가져올 작은 꿈들에 대한 설렘, 교사로서 의무감을 잠시 내려놓고 무언가를 배우러 가는 길이 출근길이 된다는 것, 그것은 1시간 30분의 긴 통근 시간도 고역으로 느끼지 않게 하였다.

〈출근길, 2022년 3월〉

달라진 출근길을 묘사하며 글을 시작한 이유가 있다. 파견 여정을 담은 이 책의 시작도 출근과 함께 시작해야 하지 않을까? 하는 단순한 생각도 있었고, 달라진 일상 중 가장 피부에 와닿는 부분이기도 했기 때문이다. 출근길에서 느끼는 감정에는 진짜 달라진 '길'에 대한 기대감이 스며들어 있다. 파견 이전의 나의 생활을 길로 비유하면 기차의 선로와 같았다. 신학년 대비, 네 번의 시험, 체육대회 및 학교스포츠클럽 대회, 학년 말 생기부 등 매년 반복되는 유사한 학사일정 속 정해진 길을 계속해서 따라 나아갔다. 이를 통해 성장을 하지만 어느 정도 고정된 틀 안에서 짧은 호흡으로만 이루어진다는 느낌을 지울 수 없었다. 반면 파견 생활은 바다나 공중에 있는 항로와 같았다. 비행기와 배는 목적지가 같더라도 나아가는 과정에서 있어 더욱 자유롭다. 하나의 선로에 뒤따라오는 기차를 생각하지 않아도 되고 보이는 시야도 다르다. 잠시 선로에서 벗어나 내가 지나왔던 길을 돌아보고 새로운 노선과 배움의 대양에서 오로지 항로를 개척해 나가는 데 집중할 수 있었다. 파견 제도의 목적은 같지만, 그 속에서 그리는 경험은 다양한 항로로 나타날 것이다. 우리 5호, 7호, 8호는 좋은 기회를 얻어 잠시 선로에서 벗어나 각자의 항로를 개척할 수 있었다. 실제 행선지도 청주, 서울, 일본으로 각기 다른 것은 흥미로운 부분이다. 우리는 각자의 항로에서 보고 느낀 것을 솔직하고 담백하게 드러내고자 했다. 파견 준비 과정을 담은 정보나 일상을 중계하는 가벼운 이야기부터 교사로서 새로운 경험을 마주하고 느낀 점을 개인적 성찰과 통찰로 드러내는 이야기까지 다양하게 담아 보았다. 이 책이 파견을 희망하거나 계획하는 교사에게 청사진을 그려볼 수 있는 기회를 제공하기를 바란다. 아울러 반복되는 출근길이 무료해진 사람들에게 학교를 떠난 교사의 이야기가 라디오 사연처럼 흥미롭게 들리길 희망해 본다.

서울행 교사 7호

Unpack,
교사 셋 파견행

PART 1

청주행 5호:
한국교원대학교 파견

전반전

떠날 결심

소진, One

　파견교사들 중에 상처 없는 교사는 없다. 다들 현장에서 고군분투하다가 어떤 계기가 있어서 파견에 지원한다. 파견을 와서 보니 학생, 학부모, 동료 교사들과 얽힌 이야기 한두 가지 정도는 누구나 가지고 있었다.
　내 경우도 지금 떠오르는 사건이 파견이라는 돌파구를 찾는 데에 큰 영향을 미쳤다. 글을 쓰기 위해 회상하자니 또 화가 차오른다. 주관적이겠지만 교육적이라 생각했던 언행이 한순간 무너져버린 순간이 있었다. 한 학생과의 문제였다. 업무의 분장상 일을 처리해야 할 동료 교사는 방임했고 관리자도 제대로 된 조치를 하지 않았다. 10년이라는 세월 동안 나에게는 절대 일어나지 않을 것이라 생각했던 일들이 눈 앞에 펼쳐지기 시작했다. 고립되는 것은 한순간이었고 마음 돌봄은 셀프였다. 학교 방역 담당으로 마음 방역도 스스로 하라는 뜻이었나 싶었다. 그렇게 나의 순수함과 열정은 마치 코로나19에 감염이라도 된 듯 맛과 향기를 잃어가고 있었다. 흠씬 두들겨 맞은 그로기 상태였지만 구원의 종은 누가 대신 울려주지 않았다.
　지금껏 쉬고 싶다는 생각을 단 한 번도 해 본 적이 없다. 회복 탄력성이 좋다고 생각했다. 산전수전을 겪으며 지금껏 힘든 일이 있어도 잘 극복해왔기 때문이다. 하지만 이번에는 조금 달랐다. 무기력해졌고 교직 생활의 회의감이 들었다.
　독사에게 물렸을 때 살 수 있는 최선은 독이 퍼지기 전에 독을 최대한 빼내어 몸을 회복하는 것이다. 도망 가버린 뱀을 잡으려고 애쓰다 보면 오히려 독이 온 몸에 퍼져버린다. 나는 아직 경험이 부족했던 모양이다. 그렇게 도망간 뱀을 잡기 위해 애를 썼다. 그렇게 심신의 내상을 입은 뒤에야 비로소 신경 써야 할 우선순위는 잡지 못하는 뱀이 아니라 나 자신이라는 점을 깨달았다. 스스로를 돌봐야 하는 시간이 찾아왔음을 직감했고 방법을 찾아야 했다. 육아 휴직도 고려하면서 먼저 휴직을 경험한 선배 교사들에게 휴직의 일상이나 소고를 물어보기도 했다. 그렇게 제도적으로 가능한 휴식을 탐색하기 시작했다.

소진, Two

　체육안전부장이었던 나는 코로나19로 인하여 방역 업무까지 맡게 되었다. 등교 전 자가 진단부터 등교·점심시간 체온측정, 의심 증상자 관리, 확진 시 대응, 일시적 관찰실 관리, 방역 요원 채용·관리 등 정말로 많은 일들을 해냈다. 지금 생각하면 참 별로였지만.

　학교의 방역을 도맡아 하고 있다는 생각에 처음에는 보람도 있었다. 하지만 2년간 상황이 지속되다 보니 회의감에 빠졌다. 수업은 온라인으로라도 진행하고 있었지만 아이들과 운동장에서 시끌벅적하며 뛰어다니는 수업만 못 했다. '미래 체육 수업을 미리 경험해 본 것'이라는 평가도 있지만 그런 미래라면 적극 사양한다. 체육의 미래는 아날로그다. 디지털에서만 혁신이 일어나야 한다는 법은 없다. 체육교육에는 여전히 아날로그적 혁신이 필요하다고 혼자 생각해본다. 비밀인데 나는 고등학교 3학년이 온전히 체육을 3시간 할 수 있을 때 비로소 우리나라 체육교육에 혁신이 일어났다고 말할 테다.

　접촉이 금지된 시기에 접속으로 교육적 허기를 달래다 보니 활력 또한 떨어지고 있었다. 확진자가 발생하여 이따금 영양 선생님에게 준비된 급식을 모두 버려야 한다는 말을 전할 때마다 마음이 좋지 않았다. 방역 요원의 근무 시간과 주휴수당을 계산하고 마스크나 손소독제를 사서 나눠주는 것이 교직 업무의 가장 중요한 일이 되어 버렸다.

　코로나19의 위세가 조금씩 잦아들고 대면 수업의 비중도 높아지고 있었지만 당장 1~2년은 이런 체제가 유지될 것 같았다. 재충전을 해야 한다면 바로 지금이라는 생각이 들었다. 면봉으로 어디를 쑤셔봐야 했을까? 아마 교사의 소진을 판별하는 키트가 있었다면 틀림없이 양성이었을 거다. 어디든 떠나거나 쉬고 오면 코로나19 방역 상황이 끝나있을 것만 같았다. 남은 선생님들께는 죄송스러운 일이었지만 방역 아닌 반역을 해서라도 떠나야 했다. At the moment. 바로 지금.

솔깃

코로나19 방역에 찌든 어느 날, 새로 전입을 온 수학 선생님과 맞은 편에서 함께 식사를 했다. 그 선생님은 교원대 파견 후 현장에 바로 복귀하신 분이라 나는 파견에 대해 이것저것 물어보았다.

"대학원 수업이라는 게 매일 있지 않아요. 일주일에 2~3일 정도? 코로나로 온라인 수업 많이 했어요. 애들이랑 시간 많이 보낼 수 있을 거예요"

코로나19로 인하여 사실상 대학원 수업도 온라인으로 진행했다는 말을 전해 듣고는 귀가 솔깃해졌다. 나는 학교를 한 해 유임한 터라 6년째 학교를 지키고 있는 처지였고 일련의 '맴찢'을 경험하며 다음 해에는 육아 휴직을 하든지 어쩌든지, 찌든 몸과 마음의 휴식이 필요한 참이었다.

사실, 한국교원대 파견에 대해서 대략적으로 알고는 있었다. 해마다 관련 공문이 시행되기 때문에 공람 문서를 보다 보면 어렵지 않게 대략적인 내용을 접할 수 있다. 돌이켜보면 교직 초기에 공문과 첨부파일을 몇 번씩 저장해 두었던 것 같다. 그때는 경력도 부족했고 추천 선발 기준을 보고 나오는 제법 거리가 먼 이야기라 생각했다. 서울의 한국교원대학교 파견 지원 자격은 실교육경력 5년 이상이기 때문이다. 즉, 학교를 한 번 옮길 때 즈음이 돼서야 지원이 가능하다는 말이다.

전국적으로 시도교육청에서 요구하는 자격 기준을 살펴보면 대부분 실교육경력이 거의 3년 혹은 5년 이상이어야 한다. 3년 이상인 지역은 인천, 경기, 전북, 경남, 제주, 세종 등이고 5년 이상인 지역은 서울, 부산, 대구, 광주, 대전, 울산, 강원, 전남 등이다. 각 시도의 실교육경력 산정 기준일에 따라 해당 연차에 지원이 가능할 수도 있다. 서울을 예로 들면, 실교육경력 5년 이상이 자격이지만 산정 기준일이 이듬해 3월 1일이기 때문에 실제로는 5년 차부터 파견에 지원할 수 있다. 해마다 기준이 변경될 수도 있으니 공문 내용을 꼭 확인하자.

흐른 세월만큼이나 경력도 많이 쌓였으니 자리로 돌아와 다시 한번 문서를 찾아 열어봤다. 마우스를 몇 번 딸깍거려보니 어느새 선발 기준에 매우 적합한 교사가 되어있음을 알 수 있었다.

확인한 문서는 '한국교원대학교 대학원 석사과정 특별연수 추천 계획'이다. 서울은 다른 지역과는 달리 교원대 파견 지원에 앞서 교육청의 추천을 받아야 하는데 그 추천자 선정기준과 절차를 담은 문서다. 매년 8월에 2학기 개학을 전후하여 공문이 시행된다.

나는 경력상 어지간하면 추천을 받을 수 있을 것 같았다. 하지만 정말로 가도 되는지, 시험에 합격할 수 있을지, 파견 생활은 어떤지, 수업만 듣고 논문만 쓰면 되는지, 근무는 해야 하는지, 가서 무슨 일을 하는지 등 진실을 도통 알 수가 없었다. 함께 식사했던 수학 선생님이야 파견 기간 때 코로나19가 절정이라 그랬다지만 슬슬 대면 수업으로 전환되고 있는 시기에 휴직의 대체 카드로 파견은 무리수라는 생각도 들었다. 그러다가 예전에 교원대 파견을 마친 학교 선배가 생각나서 전화 통화를 했다.

"어 그렇지, 학교 출근해서 수업하고 업무하는 것보다야 나아" 그렇게 교원대 파견이 그리 팍팍하지 않을 것이라는 나름의 결론을 도출하였다. 지금 생각해보면 사실 그때 좀 더 꼼꼼하게 캐물었어야 했다. 어찌 되었든 간에 나는 수학 선생님과 선배 덕에 교원대 파견을 한번 지원해보는 것으로 결정을 내렸다. 소띠인 나는 여전히 파견에 대해 잘 몰랐지만 밭을 갈든 싸움을 하든 간에 힘 달리는 소의 입에 살아있는 낙지라도 쑤셔 넣어보자는 심정이었다.

파견 지원의 과정, First

    그렇게 휴직을 대체할 겸, 10년의 교직 생활을 돌아보고 재충전도 할 겸해서 교원대 파견을 결심하게 되었다. 슬슬 파견 지원 준비를 시작해야 할 시점이었다. 올해 파견 안내 공문은 아직 오지 않았다. 작년 공문과 첨부파일을 찾아 출력해서 정독했다. 필요한 서류들을 미리 준비하고 작성해놓을 생각이었다. 오랜만에 어딘가 지원한다는 사실 자체만으로 가슴이 뜨거워졌다.

    우선, 학교장 추천서가 필요했다. 그렇게 교장 선생님은 모르는 추천서를 혼자 작성하기 시작했다. 추천서 항목은 1.특별전형 정시/특차 여부, 2.지원 전공, 3.실 교육 경력, 4.담임/보직 경력, 5.포상 실적, 6.추천사유 등으로 구성되어 있다. 출력한 문서를 꼼꼼히 읽어보고 나이스에 입력된 내용을 일일이 확인하며 빈칸을 작성해 나갔다. 추천 사유는 교장 선생님이 작성해야 하지만 엄밀히 말하면 필요한 것은 그분의 서명과 직인일 뿐, 실질적 추천 내용은 본인이 센스 있게 작성해서 가면 좋다. 나는 간단히 개괄식으로 3가지 정도 적어 넣었다. 일단 작성 후 저장!

    다음으로 특별연수 계획서를 작성해야 한다. 주제는 교육 혁신, 교수·학습 방법 개선, 과정 중심 평가 방법 개선 등을 중심으로 본인이 연구하고자 하는 주제를 자율적으로 정하면 된다. 연수 계획서 양식은 특별히 정해진 게 없다. 즉, 형식은 자유고 표지 포함 A4용지 2쪽 내외로 작성하면 된다. 나는 크게 1.연수 주제, 2.연수 목적, 3.세부 연수 계획 및 단계별 전략, 4.연수 결과 활용 방안 순으로 목차를 정하여 2쪽 작성하였다. 전체 100점의 추천 선발 점수 중 특별연수 계획서의 배점은 30점으로 비중이 가장 높다. 특별연수를 통하여 교육 발전에 기여하려는 의지를 내보이는 것이 좋다. 내용의 충실성, 실천 방안의 구체성, 공헌 가능성을 평가한다. 참고로 파견에 합격했다고 제출한 계획서 내용을 그대로 따를 필요는 없다. 실제로 실천한 내용이나 연구 주제는 얼마든지 달라질 수 있는 문제니까. 하지만 지원할 때 기준으로 최선의 계획을 세워서 제출해야 한다.

　사실 앞선 과정들은 8월에 공문을 확인하고 진행하는 경우가 많은데 나는 파견 지원에 배수진을 친 상태였기 때문에 미리 전투 태세를 갖추고 있었다. 공문이 시행되고 며칠 사이에 추천서를 제출해야 하니 마음을 먹었다면 미리 준비해 두는 것이 좋다. 8월에 공문이 오고 지원하는 시기가 여름 방학이 낀 어수선한 시기다. 자칫하다가는 놓치는 경우가 많으니 정신을 바짝 차려야 한다.

　서울의 추천 대상자 선정 기준은 교육경력(20점), 담임/보직교사 경력(15점), 직무연수 이수(20점), 포상실적(5점), 특별연수 계획서(30점), 근무 성적(10점)이다. 내가 해 온 모든 것이 점수로 환산된다니 기분이 묘했다. 그래서 파견 지원의 과정은 나름 교직생활을 돌아볼 수 있는 시간이었다.

　사실, 실제로 지원하고자 하면 사전에 교감, 교장 선생님께 상담도 받고 동의를 구하는 절차가 필요하다. 전후 맥락 없이 대뜸 도장을 받으러 가는 우(愚)를 범해서는 안 된다. 나의 경우 교감 선생님께 미리 말을 던져놓은 상태에서 '한국교원대학교 대학원 석사과정 특별연수 추천 계획' 공문이 시행된 직후 문서를 출력하여 교감, 교장 선생님을 찾아가 차례로 허락을 구했다. 같은 학교에 6년이나 있었고 방역 업무로 고생도 했으니 교감 선생님은 마지막에 "그래, 가봐!" 하셨다. 교장 선생님은 "그래요, 좋은 기회니까 한번 잘해봐요!" 하고 구두로 격려와 승인을 해주셨다. 다음 날 바로 미리 준비된 서류를 챙겨가 추천서에 교장 선생님 서명을 받고 직인도 찍어서 추천 결재를 올려 버렸다. 추천자 명단과 추천서, 계획서, 파견 동의서 등도 함께 첨부해야 하니 그해의 공문 내용을 잘 살피는 것이 좋다. 세부 내용들도 조금씩 차이가 있을 수 있으니 반드시 공문을 잘 읽어보시라!

파견 지원의 과정, Second

　며칠을 기다리면 교육청에서 특별전형 추천 대상자 명단이 온다. 서울은 교육청에서 선발이 되어야 한국교원대학교의 석사학위 특별전형 원서 접수가 가능하다. 단, 서울을 제외한 지역은 교육청의 선발 과정이 없이 개별적으로 원서 접수가 가능하다. 서울시교육청 소속 교원은 교육감의 추천, 그 외 지역 국·공립 및 사립학교 교원은 학교장 추천을 받아 지원하기 때문이다.

　모집 요강은 8월 초 한국교원대학교 대학원 입학처 홈페이지(gradent.knue.ac.kr)에 올라온다. [대학원 - 모집요강] 게시판에서 확인이 가능하다. 각 시도교육청에서 시행하는 안내 공문에 포함되어 있을 수도 있다. 하지만 기다리지 말고 홈페이지에 접속하거나 공문 검색, 공람 문서, 게시판을 수시로 들락거리며 직접 확인하는 것이 좋다.

　모집 요강을 참고하여 해마다 정해진 날짜에 지원하면 되는데 대개 8월 말 ~ 9월 초 사이가 원서 접수 기간이다. 유웨이 어플라이 홈페이지(uwayapply.com)에서 지원이 가능하다. 고3 담임을 할 때 접속하던 곳이었는데 내가 접속해서 원서를 접수할 줄은 꿈에도 몰랐다. 전형료 5만 5천원까지 결제하고 나면 비로소 '진짜 파견을 지원했구나'라는 생각이 든다. 인터넷으로 원서 접수 후 아래 제시한 제출 서류들은 우편으로 보내면 된다.

　△입학원서 △자기소개 및 수학(연구) 계획서 △대학 전 학년 성적증명서 △대학 졸업(예정)증명서 △재직증명서 또는 경력증명서 △교원자격증 사본 △개인정보 수집·이용 동의서

지원 자격에 따라 혹은 해마다 서류가 바뀔 수가 있으니 모집 요강을 직접 확인하는 것이 필요하고 이 책에 제시한 내용은 참고만 하길 바란다.

앞서 밝힌 대로, 서울은 교육청의 추천을 받기 위해 미리 관리자의 승인(추천서에 교장 서명, 직인)을 얻는 과정을 거치지만 다른 지역은 교육청의 추천이 필요 없다. 개별적으로 원서 접수 시 입학원서에 학교장 서명·직인을 받으면 얼마든지 지원이 가능하다. 그렇다고 교장실로 대뜸 찾아가 직인을 찍어달라고 하면 안 된다. 교원대 파견 지원을 마음먹었다면 미리 교감, 교장 선생님을 찾아뵙고 구두로 허락을 받아두는 것이 좋다.

또 하나의 꿀 팁이 있다. 지원하려면 접수는 무조건 일찍 해야 한다는 것이다. 접수순으로 수험번호가 부여되기 때문이다. 접수가 늦으면 시험 좌석도 뒤편이지만 무엇보다 면접 순서가 뒤로 밀려버린다.

파견 시험 준비

그럼 이제 무엇을 해야 하는가? 모름지기 시험 준비의 첫 순서는 기출문제 분석 아니던가? 기출문제는 한국교원대학교 홈페이지에 가면 어렵지 않게 구할 수 있다. 한국교원대학교 대학원 홈페이지(grad.knue.ac.kr)에 접속 후 상단의 [입학 정보-대학원-입학 자료실] 순으로 들어가 각 연도별 전공 시험 기출문제를 찾아서 내려 받으면 된다.

기출문제를 보니 임용 시험과 거의 유사했다. 내가 지원할 전공은 교과 교육학 2문제, 교과 내용학 2문제를 골라 서술하는 형식이었다. 임용 시험을 본지 시간이 꽤 많이 흘렀기 때문에 다시 공부할 수 있을지 불안했다. 특히, 바뀐 교육과정을 꼼꼼히 공부해야 하는 것이 가장 큰 부담이었다.

그 많은 기출문제를 다 정리하려고 보니 막막했다. 본업이 수험생이 아니라 현직 교사이자, 아이 둘의 아빠였기 때문에 가용 시간은 제한적이었다. 무엇보다 아직 교육청의 추천을 받지 않은 상태라 본격적으로 시험을 준비하기에는 애매한 구석이 있었다. 방법을 찾아야 했다. '내가 가서 길이 될 수도 있지만 늘 먼저 그 길을 간 선배들이 있기 마련 아닌가?' 파견을 마친 선배에게 다시 연락해서 기출문제 정리한 것을 받았다. '오! 선배님 감사합니다!' 그런데 세월이 꽤 흘렀다. 선배는 2018년에 파견을 다녀왔기 때문에 2017년 기출문제까지만 정리가 되어있었다. 결국 2018년 이후 기출문제부터는 직접 정리할 수밖에 없었다. 원래 뭐든 핵심은 최근 5년간 기출문제다. 정리하는 동시에 공부하자는 마음을 굳게 먹었다.

우선, 크게는 교과 교육학과 내용학을 나누고 과목별 최근 연도순으로 문제를 정리했다. 모름지기 10년 치를 준비하되 최근 5년에 집중하는 기출문제의 도(道)를 실천에 옮겼다. 핵심 내용을 교육학 1권, 내용학 1권의 파일로 만드는 단권화 작업에 돌입했고 하루빨리 단권화를 마치는 데에 집중했다. 기출문제와 관련 내용들이 어느 정도 정리된 이후에는 단권화된 파일의 내용을 머릿속에 입력하기 위해 계속 읽어나갔다. 시험 문제에 나올 법한 내용들이 있으면 추가적으로 정리하여 파일에 끼워 넣었다. 한 달을 남기고는 익힌 내용들을 실제로 적을 수 있는지 점검해 나갔다.

파견 시험 준비과정을 다시 한 번 돌아보자. 여름 방학 전인 7월부터 기본적인 서류 준비를 시작으로 기출문제를 정리해 나갔다. 8월 초 교원대 파견 모집 요강이 나오고 서울은 파견 대상자 추천 공문이 시행된다. 추천자 명단을 제출하면 8월 말에 추천 결과가 나오고 그에 따라 원서를 접수하면 된다. 근무 지역이 서울이 아니라면, 8월 말에 학교장 추천만 받아 자체적으로 원서 접수를 할 수 있다. 접수 기간도 해마다 달라질 수 있으니 자세한 건 본인이 직접 확인하자.

시험 준비 기간은 상황에 따라 천차만별이다. 한 달 바짝 준비했는데 합격했다는 사람도 있고 나처럼 4개월 동안을 다소 빡세게 준비하는 사람도 있다. 또, 파견 생활을 하면서 알게 된 사실은 파견 재수생이 생각보다 꽤 많다는 사실. 참고하시라.

시험 준비는 본인의 상황에 따라 맞춰서 하되, 기출문제가 중심이라는 사실만은 잊지 말자.

아이 둘 병원행

　'교사 셋의 파견행' 이전, 우선 나는 '아이 둘의 병원행'을 먼저 겪어야 했다. 시험공부를 하고 있던 저녁, 둘째 아이가 열이 나고 전신에 붉은 반점이 돋기 시작했다. 평소 잔병치레를 많이 하기는 했지만 이번은 증상이 심했고 느낌마저 좋지 않았다. 급히 병원을 찾아 이것저것 검사를 하고 난 후에 가와사키 병(Kawasaki Disease)이라는 진단을 받았다. 가와사키 병은 급성으로 혈관에 염증이 생기는 질환으로 합병증이 발생하면 심장에 문제가 생길 수 있어 제대로 된 치료가 시급했다. 입원 후 추가적인 검사와 치료를 진행했다. 파견 시험 2주 전이었다.

　엎친 데 덮친 격, 며칠 후 첫째 아이도 열이 나고 아프기 시작했다. 마찬가지로 열이 떨어지지 않았다. 나와 아내 모두 출근을 해야 하는 상황이었지만 아이들을 돌보기 위해 우선 번갈아 학교를 쉬어야만 했다. 상황이 여의치 않게 되자, 어쩔 수 없이 첫째도 같은 병원에 입원을 시켰다. 그렇게 파견 시험을 일주일 앞두고는 온 가족이 병원에서 지내게 되었다. 마음속으로 '일이 이렇게 흘러가는 걸 보면 나랑 파견은 인연이 아닌가 보다'고 생각했다. 하지만 교육청의 추천을 받은 마당에 시험을 안 볼 수는 없어 틈이 날 때마다 병원에서 공부하기 시작했다. 정성스럽게 정리해 놓은 기출문제들이 아까웠고 몇 달간 공부해 온 시간도 마음에 걸렸다. 그래서 낮에는 병실, 야간에는 병원 복도나 계단에 쪼그리고 앉아 기출문제와 요약한 내용을 보기 시작했다. '이렇게까지 해야 하나'라고 생각했지만 그렇게라도 해야 했다. 아이들에게 치료가 필요한 만큼 나에게도 충전이 필요했다.

다행히 시험 2일 전, 아이들이 퇴원했다. 둘째 아이는 계속 추적 관찰해야 하는 상황이었지만 열과 발진 같은 증상은 잦아들었다. 아이들이 괜찮아져서 그것만으로 감사한 일이었지만 시험도 잘 보면 좋을 것 같았다. 남은 시간 집중해서 예상 문제들을 추가로 정리하고 답안을 작성하는 연습에 매진했다.

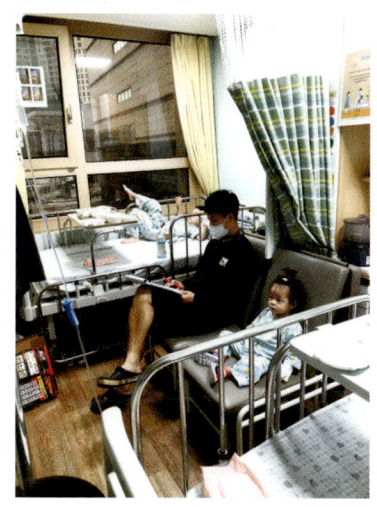

퇴원한 그 주의 토요일이 바로 시험일이었다. 짐을 싸서 금요일에 출근 후 학교에서 바로 청주 방향으로 이동했다. 혹시, 아침에 늦을까봐 교원대 근처에서 하룻밤을 보내고 일찍 교원대로 가 시험을 볼 계획이었다.

그렇게 가방 안에 병원 냄새가 잔뜩 배어있는 기출문제 정리집 두 권을 구겨 넣고 청주로 시험을 보러 떠났다. 아빠 다녀올게!

결전의 날

    시험 전날은 세종의 어느 숙소에 묵었다. 시험일이 토요일이고 어쨌든 서울에서 교원대까지는 차로 2시간에서 2시간 30분은 걸린다. 당일, 서울에서 바로 내려가기에는 혹시 모르는 변수가 생길 수도 있으니 하루 일찍 내려와 가까운 숙소에 짐을 풀었다. 숙소 근처 적당한 카페에서 마지막까지 시험을 준비하며 전의를 불태웠다. 아이 둘의 병원행을 겪었지만 나름 몇 개월을 준비한 프로젝트라 시험에는 자신감이 있었다.

    꿀잠을 자고 결전의 날이 밝았다. 간단히 아침을 해결한 후 학교로 이동했다. 차로 20분 만에 도착했다. 아침 8시 40분. 너무 일찍 왔다. 고사장 앞에는 주차된 차도 거의 없고 교정이 휑하니 비어있었다. 주차장에서 거의 한 시간을 공부하고 9시 30분이 되어서야 고사장 건물의 문이 열려 입실할 수 있었다. 30분가량 고사실과 복도를 오가며 공부하고 있으니 10시부터는 한두 명씩 고사실로 사람들이 들어오기 시작했다. 저마다 시험 자료를 꺼내놓고 공부를 열심히 하는 걸 보니 그때부터 걱정이 몰려왔다. 나이를 먹어도 긴장이 되는 걸 보니 그래도 시험은 시험이구나 싶었다.

    텅 비었던 주차장이 슬슬 파견 시험을 보러 온 선생님들의 차로 가득 차기 시작한다. 전국에서 유·초·중등교사 파견 지원자들이 몰리기 때문에 나중에는 주차할 곳을 찾기 힘들다. 시험 시간에 딱 맞춰 학교에 오면 주차에 어려움을 겪을 수 있으니 최소한 고사 시작 1시간 전에 와야 쉽게 주차를 할 수 있다.

    전공 시험은 11시 정각에 시작. 15분 전 입실이 원칙이었다. 10시 45분에 출석을 확인했다. 핸드폰은 OFF 하여 가방에 넣었다. 벨이 울리면 부정행위다. 결시자는 한 명이 있었다.

  문제지 한 장과 줄 있는 B4 답안지 2장, 첫 장은 초록색 종이였고 두 번째 장은 흰색 종이였다. 전공, 과목, 수험번호, 이름을 작성하고 문제를 보았다. 교과교육학 4문제, 교과 내용학 4문제가 출제되었고 각각 2문제를 택하여 총 4문제의 답안을 작성하라고 되어있었다. 얼마 만에 논술시험인가. 나름 적어가면서 공부하고 모의고사처럼 실제 B4 답지에 작성 연습도 했지만 추운 날씨와 긴장 탓에 글씨는 날아가고 손은 덜덜 떨렸다. 이게 이렇게 긴장할 일인가 싶기도 했다. 첫 번째 문제를 가장 오랫동안 작성하였다. 쓰면서 시간이 부족하지 않을까 조마조마했다.

  계산상 1문제에 30분씩 쓰면 딱 맞다. 하지만 처음 문제지를 받아들고 논술할 4문제를 골라야 하며, 대략적으로 답안을 구상할 시간도 있어야 하니까, 사실 2시간이라는 시험 시간은 빠듯하게 느껴졌다. 더군다나 악필에 슬로우 스타터(Slow Starter)인 나는 긴장한 탓인지 심한 손 떨림과 피로감에 거의 시험이 끝날 때까지 조마조마하며 답안을 작성하였다. 기출문제와 관련 내용을 거의 파악하고 있었지만 전혀 생소한 문제들도 몇 문제 포함되어 있었다. 그런 문제들은 얼른 걸러냈다. 공부했던 개념과 관련 지식으로 풀어낼 수 있는 문제를 어떻게든 정해서 체크하고 부지런히 적어나갔다. 다행히 답안지 한 면에 한 문제씩 답안을 작성했다.

  마지막에는 각 답안지 아래 4면 중 1쪽, 2쪽, 3쪽, 4쪽을 작성, 확인 후 문제지와 답안지를 동시에 제출하였다. 사실, 답안지를 몇 장 더 받아서 작성하는 분도 계셨다. 그렇게까지 작성할 일인가 싶기도 했다. 핵심 개념과 필수 내용에 본인의 생각을 더하여 작성하면 된다. 너무 적게 핵심만 요약한 듯 쓰면 성의가 없어 보이고 무엇보다 휑한 답지는 좀 그렇다. 깔끔하게 한 문제에 한 면 정도만 꽉 채워서 작성하면 합격에 무리 없다. 2장 4면의 시험지를 주는 이유가 있다.

  어쨌든 2시간을 꽉 채워서 전공 시험을 마쳤다. 답안 작성을 완료하면 미리 나가도 되는데 한 분만 일찍 나가시고 나머지 분들은 1시까지 채워서 답안을 작성하셨다. 나중에 안 사실인데 일찍 나가신 그분은 1년 뒤 재수해서 다시 교원대 파견에 합격했다. 파견 재수도 꽤 많다는 사실을 참고하라.

 1시부터 2시까지는 점심시간. 1시 45분에 면접 입실을 해야하기 때문에 시간이 그리 넉넉하진 않았고 학생회관 식당 줄은 엄청 길었다. 겨우 매점에서 식권을 구입했지만 밥이 떨어져서(하는데 15분 걸린다는 영양사의 말에) 대기하고 있던 선생님들은 우르르 매점으로 가서 환불하고 다시 고사장으로 돌아갔다. 수험생들이 몰릴 것을 예상하고 적절한 양을 준비했어야 했는데 미리 대비가 안 된 것 같아 아쉬웠다. 결국 점심은 못 먹고 면접장으로 향했다.
 다음 해에 보니 시험 날 학생회관에서 점심 식사는 무리 없이 진행되고 있었다. 파견 2년 차에 학관 식당이 직영에서 업체 위탁으로 바뀌었다. 전공 시험을 1시까지 꽉 채워서 볼 선생님들은 따로 점심을 간단히 준비해서 가면 좋을 것 같고 일찍 나온다면 학생회관 식당을 이용하면 되겠다. 전공 시험을 한 시간 정도 일찍 보고 점심시간을 조금 넉넉히 주는 것도 괜찮을 듯하다. 고사 전체로 보면 전공별, 전형별로 일정이 빠듯해 쉽지는 않아 보인다.

 파견 필기시험에 대해 정리하자면 역시 기출문제 완전 분석이 완전 도움이 되었다. 거의 15년 내외 기출문제를 분석해서 준비했다. 특히, 최근 5년치 기출문제가 많이 도움이 되었다. 시험 보실 분들은 참고하시길.

 면접은 크게 부담이 없다. 단, 수험번호순으로 3명씩 들어가기 때문에 핵심은 원서 접수를 일찍 하는 것이다. 고민하다가 혹은 서류가 미리 준비되지 않아 원서 접수가 늦어지면 고사 당일 면접 대기를 위해 오랜 시간을 기다려야만 한다.
 면접 준비는 우선 일반적인 물음에 대한 답변을 준비하면 된다. 지원 동기, 관심 전공, 대학원 진학 후 학업 및 연구 계획, 교직 생활의 요약, 본인의 장점 홍보 정도다. 파견을 오게 되면 대학원 연구실에서 근무해야 하므로 통학 계획이나 거주 계획도 단골 질문이다.

   사실, 학교 입장에서는 파견기간 동안 학교 기숙사나 청주 인근에서 지내는 사람을 선호할 수 밖에 없다. 개인으로서도 학교 인근에 거주하면서 대학원 생활을 하는 것이 여러모로 편하다. 나는 육아와 학업을 병행해야 했기 때문에 서울에서 통학했다. 혈혈단신(孑孑單身)이라면 학교 근처에 있으면서 수업 듣고 연구하는 대학원 생활에 흠뻑 젖어보는 것이 좋다.

합격! Teacher of Teachers!

합격자 발표는 11월 말이다. 보통 오후 2시 발표다. 나의 경우 11월 26일 2시부터 합격자 조회가 가능했다. 합격자는 한국교원대학교에서 최종결정하여 교육청으로 통보한다. 파견 기간은 정확히 24개월(2년)이다. 교육공무원임용령 제7조의3 제1항 제4호로 파견기관은 교육부, 파견부서가 한국교원대학교 대학원이다. 파견 공문은 12월 초에 시행된다. 등록금 납부는 2월 초다.

합격 소식은 달콤했다. 가족들의 축하, 처가와 친형의 장학금이 전해졌다. 얼마 만에 느끼는 합격의 순간이던가. 곧장 2년간의 청사진을 그리기 시작했다. 다시 대학으로 돌아가는 만큼 전공과 교육학 수업 정성스럽게 듣기, 다양한 교양 수업을 수강하여 진정한 교양 쌓기, 아이들과 시간 더 보내기, 독서, 수영, 테니스 실력 향상 등이 당장 떠올랐다. 학교는 일주일에 두세 번만 가면 되지 않을까? 코로나19 상황이 아직 끝나지 않았으니 수업은 일부 온라인으로도 진행하겠지? 체육 실기 과목들도 수강할 수 있겠지? 나머지 시간에는 뭘 해야 하지? 여행도 다닐 수 있겠지? 머릿속에는 2년 동안의 시간 계획이 차곡차곡 채워지고 있었다. 누구나 그럴싸한 계획은 할 수 있으니 합격과 함께 상상의 나래를 펼쳐 나갔다. 파견이라는 새로운 링에 오르기 전까지는 그랬다.

한국교원대학교의 슬로건은 'Teacher of Teachers'이다. 이는 '스승 중의 스승'이라는 의미다. 우수한 교원을 양성하겠다는 한국교원대학교의 의지가 담겨 있다. 그 의지에 부응할 일만 남은 것이다.

가자!
Teacher of Teachers
교원대로!

ToT

    지금 생각해보면, 수학 선생님은 코로나19가 세상을 덮어 파견 기간 거의 온라인 수업을 한 경우였다. 결혼 후 아이들도 둘이 있었지만 집을 아예 청주 인근으로 이사한 상태라 출퇴근 부담도 적었을 것이다. 전화 통화를 했던 선배가 파견 갔던 시기도 첫째 아이를 낳기 전이었다. 그 선배도 수학 선생님과 마찬가지로 청주에서 지냈다는 사실을 간과했었다. 지도교수님이 정해지고 난 후 연구실 실장님과 통화 직후 현실을 깨달았다. "9시 출근, 6시 퇴근입니다." 그 말을 듣고는 식은땀이 흐르기 시작했다. "일주일에 2번만 가면 된다며!?" 아내는 더 당황했다. 엄밀히 말하면 파견은 육아 휴직의 대체 카드가 아니었다. 육아하는 직장인이 쉬려면 휴직해야 한다. 뒤늦게 깨달은 거지만 대학원이란 곳은 쉽게 발들일 만한 곳이 아니었다.

    나는 당시 만 2살, 6살 아이의 아빠였다. 온전히 서울에서 청주로 통학해야 했기 때문에 앞선 선생님들과는 상황과 환경이 달랐다. 좀 더 심도 있는 상담과 고민을 했었어야 했다. 나는 이렇게 어린 자녀 둘이 서울에 있는 상태로 호기롭게 파견에 지원한 것이다. 아내도 출근을 해야 했다. 코로나19는 끝이 나서 대학원 연구실로 출근해야만 했고 수업도 대부분 정상화되었다. 학교보다는 출퇴근 시간에 융통성이 있었지만 원칙적으로는 공무원으로서 정해진 근무 시간을 준수해야 했다. 특별연수인데 근무도 해야 한다니... 학교에 근무하면서 연수도 들어야 하는 것과 같은 이치인가... 수업 외에 주 1회 세미나에도 참석해서 소속 전공의 지도교수님 이하 대학원생들과 연구에 관한 소양도 쌓아나가야 했다. 우리 연구실은 일이 거의 없었지만 파견교사는 학위 논문 외 학술지를 추가로 한 편 써 내야 했다.

당장 출근도 문제였다. 첫해는 아이들을 유치원과 어린이집에 각각 등원시키고 청주로 가야 했다. 수요일 오전 세미나와 목요일 오전 수업 시간 전에 교원대에 도착하려면 지하철, KTX, 셔틀버스 시간을 차례로 맞춰야 했다. 집 앞에서 따릉이를 잡아타고 지하철역까지 분노의 페달질을 해야 하는 것, 플랫폼까지 전력질주하는 것은 덤이었다. 그럴싸했던 계획은 틀어지고 있었다. 석사 1년 차 중에는 내가 나이가 가장 많았다. 파견을 조금 일찍 왔어야 했다는 것을 깨달았다.

교원대의 슬로건 Teacher of Teachers가 내게는 'ToT'로 보이기 시작했다.

PART 1

청주행 5호:
한국교원대학교 파견
후반전

파견 생활

실전 출퇴근

이제 서울에서 청주로 출근이다. 개학과 동시에 비상 체제로 들어갔다. 예정된 시간, 계획한 동선으로 움직여야만 제시간에 학교에 도착할 수 있었다.

사실, 초·중·고등학교 일련의 교육과정을 마치며 집과 학교의 거리는 늘 가까웠다. 대학교 때는 기숙사에서 생활했다. 교사가 된 이후에도 발령받은 학교 근처에 집을 구하면 그만이라 늘 통학에 대한 부담은 나를 피해 다녔다. 사실, 지속해서 먼 거리를 이동하는 상황을 상상해 본 적도 없었다. 나는 나를, 내 삶을 잘 통제하고 있다고 늘 생각하고 있었고 통학 거리도 그 중 하나였다.

파견 전 통학 문제를 생각하지 않은 건 아니었지만 코로나19 비대면 수업의 막차를 탈 기대감이 없진 않았기 때문에 크게 고민하지는 않았다. 대면 수업일지라도 대학원 수업이라는 것이 매일 있는 것이 아니기 때문에 일주일에 대략 2~3일 정도만 학교에 나가 수업을 들으면 된다고 생각했다. 파견에 최종 합격하고 세부 전공과 지도교수님이 정해진 이후에야 꼬박 학교를 나가야 한다는 사실을 전해 들었다. 같은 전공 연구실에 한 해 일찍 파견을 온 선생님께서는 심지어 기숙사에 들어와 계셨다. 결혼도 하고 심지어 나와 같이 아이 둘을 키우는 입장일 텐데 의아했다. 아내는 표정이 어두워졌다.

학교 가는 길은 실전이었다. 서울 집에서 청주를 가려면 어떡해야 하나. 최소의 시간과 동선을 생각해야만 했다. 집 앞 마을버스는 기다리고 갈아타는 데 시간이 꽤 소요되었다. 우선은 바로 타고 이동할 수 있는 따릉이를 선택했다. 그렇게 아침마다 지하철역까지 분노의 페달질을 해댔다. 따릉이를 반납하고는 지하철 플랫폼까지 달려야 했다. 지하철이든 KTX든 열차라는 것은 정해진 시간이 있었다. 무엇보다 오송역에서 학교로 운행하는 셔틀버스도 시간대가 정해져 있어서 앞차를 놓치면 긴 배차 시간을 하염없이 기다려야 한다. 그렇게 따릉이, 지하철, KTX를 차례로 타고 오송역에 내려서는 또다시 셔틀버스를 타야 비로소 학교에 도착할 수 있었다. 당시, 오송역에 내려서 교원대로 들어가는 직행버스는 학교 셔틀버스밖에 없었다(지금은

오송역-교원대를 비로 오가는 518번 버스가 운행 중이다). 시간 여유가 있으면 버스를 두 번 갈아타면 됐지만 각각 배차 간격이 길었다. 시간 여유가 없을 때 셔틀버스를 놓치면 택시를 타야 했다.

  사실, KTX를 타든 SRT를 타든 서울과 오송을 오가는 시간은 생각보다 오래 걸리지 않는다. KTX는 서울역에서 오송역까지는 50분가량(빠르면 46분 만에 간다), 광명역에서 오송역까지는 30분 남짓(빠르면 27분이면 간다)이다. SRT를 이용하면 수서역에서 오송역까지 40분 정도 소요된다. 나는 주로 광명역을 이용했기 때문에 열차를 타면 30분 만에 오송역에 도착했다. 출퇴근길은 편도로 2시간이 조금 넘었는데 대부분 기차역까지 이동하거나 대기하는 시간이었다. 교통비도 무시 못 한다. 나는 코레일 N카드를 구입하여 할인된 금액으로 기차를 이용하였다. 멀고 험난한 출근길 아니 등굣길이었다.

  이처럼 서울에서 교원대로 출퇴근하는 것은 쉽지 않다. 청주와 가까운 지역이 주된 거주지라면 상관없지만 원거리일 경우 기숙사나 학교 인근에 거주하는 것이 좋다. 학교나 청주 터미널 근처가 적당하다. 서울에 비하면 월세, 전세 등 거주비도 저렴한 편이다. 그래서 비교적 거주와 이동에 자유로운 시기인 결혼 전이나 출산 전에 파견을 올 것을 추천한다.

명장(明匠)의 기억

우리 연구실에는 명장(明匠)이 한 분 계셨다. 그분은 파견 2년 차이자 소위 말하는 전국구 체육교사였다. 2019년 학교체육 대상을 받고 2020년에는 수업 명장으로 선정되신 분이다. 명장? 생소할 수도 있다. 당시, 체육교사로 12년을 살아온 나도 당황했으니까. 교사에게 그런 칭호를 수여한다는 것 자체를 처음 들었다. 역시 사람은 보는 것만 보고, 듣는 것만 듣는구나. 나의 체육교사 생활구역 안에 이런 분은 없었다. 역시, 파견을 오면 훌륭한 선생님들을 만날 있는 건가? 사실, 평소에 학교와 집만 오갔던 내가 파견이라도 와서 만났다는 표현이 더 정확하다. 수업 명장이 나의 사수라니!

내가 헐레벌떡 연구실에 들어가면 형광등은 늘 꺼져있었다. 명장은 개인 책상 위의 작은 등 하나를 밝히고 논문을 쓰고 계셨다. 흡사 전투를 준비하는 명장의 자태였다. 테니스도 수준급이라 코트에서는 우아하게 라켓을 휘두르셨다. 연구실에서는 펜을, 코트에서는 라켓을 휘두르는 진정한 명장. 나와 같이 아이가 둘이었는데 2년 내내 기숙사에 들어와 계셨다. 가정을 버리셨...? 음, 서사까지 완벽했다.

반면, 나는 우리 동네 한정판 체육교사이자 졸장(拙匠)이었다. 나도 아이 둘을 키우고 있으니 가장(家長) 정도는 될까. 수업을 썩 잘하는 것도 아니었지만 글도 짧은 내가 이제는 대학원생이 되어 학술적인 글까지 작성해야 한다니 막막해졌다. 테니스도 따라서 치긴 했지만 여전히 테린이 수준이었다.

사실, 명장은 점점 더 밀려오는 업무들로 인해 이러다가는 큰일이 나겠다 싶어서 교원대로 파견을 결정했다고 말했다. 벌이는 일도 많지만 여기저기 부르는 곳, 찾는 곳도 많았다.

반면, 나는 벌이는 일도 없고 평소 칼퇴근에 부르는 곳도 찾는 곳도 없었다. 반면교사(反面敎師)랄까? 나 역시 이러다가는 큰일이 나겠다 싶었다. 그냥 가장으로서 성실하게 살고 체육교사로서 기본을 지키며 살 것인가 그래도 뭔가 선한 영향력을 미칠 수 있는 교사가 될 것인가의 문제였다. 나는 이 문제를 나름대로 치열하게 설거지를 하면서 고민해 본 적이 있었다.

명장에게는 격과 벽이 느껴졌다. 품격과 완벽이랄까. 덕분에 자극을 좀 받았다. 체육교사로서든 초보 연구자로서든 본을 받을만한 사람이라 생각했다. 명장은 사수, 나는 부사수. 그분을 따라 파견 생활과 연구는 물론 짬짬이 테니스를 치면서 1년 차 시절을 보냈다. 명장은 나의 파견 생활에 등대와 같은 존재였다.

부러운 사람

　교원대로 파견을 와보니 부러운 사람들이 있다. 그건 다름 아닌 파견 커플들이다. 이들은 대부분 파견을 와서 만난 것이 아니라 파견을 오기 전부터 이미 연인 사이였다. 교사 커플인 것도 모자라 동시에 교원대 파견에 합격한 것이다. 몇 가지의 조건이 맞아야 가능한 일인가? 교원대는 초·중등을 가리지 않고 거의 모든 과목에서 파견교사를 선발하기 때문에 학교급과 과목을 떠나 이들은 우선 교사로서 만나고 있어야 한다. 파견이 요구하는 일정 기간의 경력을 충족해야 하고 양측 모두 파견에 대한 의지 혹은, 함께 할 의지가 있어야 한다. 대학원에 진학해서 수업도 듣고 논문도 쓸 만큼, 어떤 전공에 대한 흥미도 있어야 가능하다. 복이 많은 친구들이었다.

　지역에 따라 차이는 있지만 교원대 파견의 지원 자격은 교직 경력 3~5년 이상이다. 3년이 없지 않지만 5년 이상이 주류를 이룬다. 필자인 교사 5호의 지역은 서울이기 때문에 5년 이상의 실교육경력이 필요하다. 남교사들의 경우에는 군필일 경우 빨라도 만 25살에 교직에 들어올 수 있다. 여교사들은 만 23살이면 가능하다고 할 때 5년의 경력을 채우기 위해서는 남교사는 최소 만 30살, 여교사는 만 28살이어야 파견을 올 수 있다는 이야기다. 그래서 파견을 오는 주류 나이 대는 30대 초반인 경우가 많다. 결혼 적령기를 논하기는 그렇지만 그즈음인 경우가 많다는 소리다. 나처럼 30대 후반에 파견의 문을 두드리는 경우는 잘 없다. 와서 보니 그렇다.

파견 커플들의 생활은 어떠할까? 이들 중 일부는 학교 근처나 청주 시내에 자그마한 아파트에 함께 거주하고 있었다. 물론, 결혼에 임박했거나 결혼이 전제된 파견 커플인 경우다. 이들은 결혼을 준비하거나 실제로 파견 기간 결혼을 한다. 학교처럼 수업을 해야 하는 상황이 아니기 때문에 신혼여행을 학기 중에 조금 더 길게 다녀올 수 있다는 장점이 있는 듯했다. 적어도 나의 측근들은 그랬다. 좀 알려주지.

교사 커플은 함께 파견을 오면 교원대 캠퍼스에서 낭만을 함께 누릴 수 있다. 많지는 않겠지만 수업도 함께 듣고 밥도 먹고 커피도 마실 수 있다는 소리다. 반면, 족쇄가 될 수 있으니 잘 판단해보시길 바란다.

함께 파견을 오면 은메달이다. 무슨 말이냐? 1년의 차이를 두고 서로 파견을 오는 것이 금메달이다. 연인이 함께 지내기에 2년은 너무 길다. 남교사든 여교사든 간에 1년만 겹치는 것이 개인적으로는 좋은 것 같다. 한 명이 먼저 파견을 와보니 좋아서 다른 사람이 1년 후 지원하는 경우도 있을 수 있고 둘 다 시험을 봤는데 한 명만 붙어서 어쩔 수 없이 파견 재수를 하는 경우도 있을 수 있다. 파견 예비부부라면 어쨌든 어느 쪽이라도 자유를 누려야 하지 않겠는가.

안 부러운 사람

안 부러운 사람들도 있다. 바로, 일반 전형 대학원 학생들이다. 파견 교사들은 이미 교사가 된 사람들이지만 이들은 예비교사 신분이기 때문이다. 파견 교사들에 비하면 들어야 하는 수업도 훨씬 많고 한국사 시험 준비, 세미나, 교생 실습, 논문 작성 등을 하는 동시에 교원 임용고사를 준비해야 한다. 같은 공간에서 수업도 듣고 생활하지만 온도 차가 크다. 파견 교사들도 그 과정을 다 겪었다고는 하지만 당장의 모습이 피부로 와 닿는 법이다. 우리는 동경의 대상인 동시에 시기의 대상인 것이다.

일반전형 대학원생들에게 밥이든 커피든 기회가 되면 사주는 것이 파견교사의 도(道)라고 할 수 있다. 고백하자면 파견 교사들은 이들보다 등록금도 적게 낸다. 매달 월급도 꼬박꼬박 들어온다. 이 사실을 커밍아웃하면 다들 배 아파한다. 지갑을 열지 않으면 뭇매를 맞는 것이다. 교사 5호의 전공에는 일반전형 대학원 동생들이 많았다. 그래서 함께 운동도 하고 밥도 먹고 커피도 마시며 잘 놀았다. 끼워줘서 고맙다.

이것은 필자의 전공에 한정된 이야기일 수 있다. 특정 전공에는 일반전형 대학원생이 없는 경우도 있기 때문이다. 심지어 과에 일반전형 대학원생과 특별전형 파견교사 포함, 석사과정 대학원이 1명인 경우도 있다. 그래서 이 이야기는 케바케(Case by Case)인 걸로 하자.

생각해보니 안 부러운 사람이 또 있다. 나처럼 육아하면서 파견 생활을 하는 교사들이다. 어릴 때 왔으면 조금 더 파견 생활을 만끽할 수 있었을 텐데. 육아와 연구를 병행하고 있는 선생님들에게 존경스럽다는 말을 전하고 싶다. 사실 대학에서 연구를 하는 것과 현장에서 수업과 업무를 하는 것은 다른 일이다. 개인차가 있겠지만 해보니 육아하면서 연구하는 것보다는 육아하면서 학교에 출근하는 편이 더 나은 듯하다. 현장에서는 수업과 업무를 딱딱 끝내놓고 뭐든 할 수 있었다. 하지만 연구는 논문을 제출할 때까지 도무지 끝이 나지 않는다. 시간도 어느 정도 걸릴지 가늠할 수 없다.

묘해

　살면서 묘한 것이 한두 가지는 아니지만 파견은 분명 묘한 구석이 있다. 교사 신분으로 학교에서 근무를 하다가 특별연수 파견이라는 제도에 의해 2년 동안 대학원생이 되는 것이다.

　등록금은 교육청에서 내주지 않지만 그래도 특별연수라고 특별히 조금 깎아는 준다. 입학금 및 수업료Ⅰ이 면제다. 수업료Ⅱ에 해당하는 금액만 내면 된다. 월급은 매달 꼬박 들어온다. 정근 수당과 명절 휴가비도 때가 되면 입금된다. 단, 수당 몇 개는 제외된다. 어쨌든 초과 근무, 담임, 부장 등을 할 수 없으므로 그러한 수당들은 당연히 받을 수가 없다. 받지 못하는 것이 또 있는데 바로 2년치 성과급이다. 학교에서 근무한 것이 아니기 때문에 성과급 대상자에서 제외된다.

파견 기간 동안 착실히 연구실에서 생활하며 나름 학술지에 논문도 게재하고 학위 논문도 작성했는데 성과급에서 제외라니 슬프기는 하지만 방법은 없다. 생각해 보면 연구실에서 11시, 12시까지 논문을 쓰며 끙끙거릴 때도 있었는데 초과근무 수당을 받을 수 있는 것도 아니었다. 연구 수당이라도 줘야 하는 거 아닌가요?

그렇다면 파견은 근무인가 연수인가? 대학원생인 동시에 공무원 이라는 잡종(Hybrid)의 신분인지라 상당히 애매하다. 하지만 학교를 떠나 대학원생이 되었으면 기본적으로 9시 출근, 6시 퇴근이라는 대학원 '나인 투 식스(9 to 6)'의 룰(Rule)을 따라야 한다. 파견이 되는 순간, 나는 교육청을 떠나 교원대의 지배를 받는 몸이 되는 것이다. 그래서 파견은 현실적으로 근무와 연수의 중간 그 어디 쯤이다. 정확히 어디인지는 지도 교수님 손에 달려있다. 그것이 대학원의 법도가 아니겠는가. 묘해.

삭발

　파견 1년 차 여름, 머리카락을 시원하게 밀어버렸다. 중·고등학교 시절은 짧은 스포츠머리를 해야 하는 시대와 지역에서 자랐다. 학군단(ROTC)을 했기 때문에 대학생 때도 내 머리는 늘 짧았다. 19살 때인가 동네 미용사에서 구입한 바리깡으로 군대 가기 전까지 심심찮게 혼자 머리를 밀어버리곤 했다. 교사가 되고, 결혼을 하고는 그걸 못 했을 뿐.
　"자기야, 나 머리 밀어도 돼?"
　아내의 허락이 꼭 필요한 건 아니었지만 일단, 물어보기라도 해야 했다. 마침 날도 덥고 학교에 출근해야 하는 것도 아니니 말릴 이유는 없었다. 그날 아이 둘을 목욕시킨 후 머리를 밀어버렸다.
　이유는 이렇다. 정확히 꼬집어 말할 수는 없지만 스트레스를 나름대로 표출한 것이 아닐까 싶다. 파견 기간 이사를 했는데 사실 나뿐만 아니라 온 가족이 새로운 지역에 적응하느라 힘들었다. 나는 서울에서 청주를 오가는 경로를 다시 수정해야 했고 아내도 출퇴근 거리가 멀어져 일찍 집을 나서야 했다. 때문에, 아이들 등원은 내 몫이었다. 아이들도 나름 바뀐 환경에 적응해야 하니 힘들었다. 나는 아이들이 어린이집과 유치원을 가기 싫다고 떼를 쓸 때면 임박해오는 열차 시간을 보며 조급함에 소리도 쳤다. 힘든 시기였다. 파견을 오지 않고 학교에 정상적으로 출근했다면 아마 더 힘이 들었을 거다. 파견도 나름 어려움이 있지만 시간적으로만 봤을 때 학교처럼 팍팍하게 돌아가지는 않기 때문에 그 폭풍을 견딜 수 있었는지 모른다. 특히, 1년 차 1학기 생활은 크게 부담이 없었다. 연구실은 명장이 지키고 있었고 교수님도 나름의 배려를 해주시는 눈치였다. 개인적으로 파견의 목적 중 하나가 그 예상된 폭풍을 견디기 위함도 있었으니 어쨌든 목표는 달성했다고 봐야 하나.

교원대에서의 반응은 나쁘지 않았다. 오래전이지만 나의 대표적인 머리 스타일이었기 때문에 스스로 어색함도 없었다. 머리를 자른다는 것은 무언가 의지의 표현이기 때문에 가정과 파견, 두 마리 토끼를 다 잡아보겠다는 의지 정도로 받아들여졌다.

정말 그랬다. 아내와 아이들은 적응하고 있었고 어쨌든 나도 학술지 논문을 쓰기 시작했다. 삭발 투혼이었다.

대학원 **수업**

　대학원에서 수업은 무엇을 얼마나 들어야 하나? 안심해라. 일단, 2년간 수업은 하지 않아도 된다. 그 해방감이 짜릿하다. 하지만 몇 주 정도면 그 해방감은 당연해지고 밀려드는 발표와 과제가 그 자리를 대신하게 된다. 진짜 학생이 되는 거다.

　석사과정 수료에 필요한 최소 이수 학점은 총 30학점이다. 교육학 공통 3학점, 교과 교육학 6학점, 교과 내용학 9학점, 연구(세미나) 3학점, 자유선택 9학점을 이수하면 된다. 수업 하나에 3학점이기 때문에 결국 교육학 1개, 교과 교육학 2개, 교과 내용학 3개, 자유선택 3개의 강의를 들으면 된다. 자유선택은 타 전공 교과목을 이수하거나, 교육학 공통, 교과 교육학, 교과 내용학 영역에서 초과되는 학점이 인정된다. 연구학점은 한 학기에 1학점씩 이수 가능하지만 첫 학기에는 신청할 수 없다. 두 번째 학기부터 수강 신청하면 되는데 시간표상 시간은 사실 임의로 해둔 것이고 신청만 해두면 자동으로 이수 된다. 전공에 따라 지도교수님의 일정에 맞춰 연구 소양을 기르고 논문을 작성해나가면 된다.

　전공은 강의식으로 진행되기도 하지만 거의 대학원생들의 발표와 토론으로 진행된다. 수업 초반 교수님들이 주제를 정해주면 하나씩 맡아 발표하고 질문과 토의하는 형식의 수업이 많다. 논문을 작성하기 위한 기초 소양을 기르고 전공 지식을 쌓기 위한 글쓰기 과제가 제법 많은 편이다. 하지만 보통 제출 분량이 많지 않기 때문에 부담 없는 수준이다. 대개 중간·기말고사의 대체 과제인 경우가 많아 시험 부담은 전혀 없다.

전공 수업 외 교육학 공통 수업과 타 전공 수업, 전공에 제한 없이 들을 수 있는 수업도 있다. 수강 신청 시 강의 계획서를 참고하거나 에브리타임 등에서 강의 후기를 보고 수업을 결정하여 신청하면 된다. 수업 자체도 중요하지만 사실 본인 일정에 맞는 시간에 개설된 강의를 듣는 경우가 많다.

나는 코로나19 막차를 탔기 때문에 1년 차까지는 수업 전체를 온라인으로 하는 강의가 종종 있었다. 전공 강의는 대면과 비대면을 섞어서 하기도 했지만 2학기부터는 완전 대면 강의가 자리를 잡았다. 개인적으로 온라인 강의보다는 직접 강의실에 출석하여 듣는 강의가 훨씬 좋았다. 접속보다는 접촉이다. 실제 이수학점은 아래 〈표 1〉과 같다.

과정		기본 이수 영역				자유선택	계
		교육학 공통	교과 교육학	교과 내용학	연구		
수료기준	석사	3	6	9	3	9	30
실제 이수 학점	1학기	0	3	3	0	3	9
	2학기	3	3	3	1	0	10
	3학기	0	0	3	1	3	7
	4학기	0	0	0	1	3	4
계		3	6	9	3	9	30

〈표 1〉 교사 5호의 수업 이수 결과

1년 차 1학기에는 3개의 강의를 들었다. 전공 2개, 자유선택 1개를 2일에 나눠서 들었다. 2학기에는 전공 2개, 교육학 공통 1개를 마찬가지로 2일에 나눠서 들었다. 이때부터는 연구학점도 1학점씩 신청했다. 1년 차에 수업은 주로 화요일과 목요일에 들었으며 전공 세미나는 수요일 오전에 연구실에서 진행하였다. 2년 차에도 주로 전공 수업을 위주로 수강하였다. 1학기에는 전공 2개와 연구학점, 2학기에는 전공 1개와 연구학점을 이수했다. 교과 교육학과 교과 내용학 이수 학점을 초과하여 위의 표에는 자유선택으로 표기하였다.

결론적으로 대학원 수업을 듣는 날은 2일 내외이다. 세미나까지 포함하면 많아도 3일 정도가 정해진 일과대로 돌아간다. 나머지 시간은 해당 전공과 연구실 스케줄에 따라 생활하면 된다. 연구실의 각종 프로젝트나 실험을 하는 경우가 있지만 1년 차에는 그래도 시간적 여유가 있다. 도서관에서 책을 실컷 읽어도 되고 교내외 운동 시설을 이용하거나 평소 못 해본 활동에 도전해보는 것도 좋다. 파견 생활이 정말로 그렇게 팍팍하다면 누가 파견을 오겠는가? 특별연수의 취지에 맞게 수업도 듣고 연구도 해야 하지만 남는 시간을 개인의 여건과 취향에 맞게 잘 디자인한다면 만족스러운 파견 생활이 가능할 것이다. 사실, 그 시간도 그리 길지 않다. 2년 차부터는 논문의 압박이 몰려오기 때문이다.

원더우먼

　원더우먼과 나의 관계는 이렇다. 만화방집 아들 출신인 나는 만화책이나 애니메이션을 유독 좋아한다. 그래서 마블(Marble)과 디씨(DC)를 가리지 않고 모든 히어로들에 관심이 있다. 그중에 가장 좋아하는 여성 히어로가 원더우먼이다. 원더우먼이 단독 주인공으로 나온 영화는 2017년 우리나라에 처음 개봉했으며, 2020년 후속편인 '원더우먼 1984'가 개봉했다. 사실, 이때는 '어벤저스'같은 마블의 히어로물이 주류일 때라 원더우먼은 큰 인기를 끌지 못했다. 후속편은 코로나까지 겹쳐 주목을 더 받지 못했다. 하지만 나는 개봉일에 극장을 찾았다. 그렇게 홀로 영화관에서 원더우먼을 관람했다. 혼자만 열광했던 셈이다.

　2022년, 나는 파견을 왔고 다른 곳에서는 여성 체육교사들이 그들만의 체육교육 공동체를 만들고 있었다. 공교롭게도 그 공동체의 이름이 '원더티처'였다. 학교체육을 구하는 히어로를 자처하며 탄생한 이 공동체는 여성 교사들을 위해 다양한 체육 연수 프로그램을 운영 중이다. 홈페이지에 접속해보니 그녀들의 이야기가 적지 않게 그리고 진솔하게 담겨있었다. 남자라 정식 회원이 될 수는 없었지만 후원은 가능했다. 내 마음은 원더우먼을 향한 팬심과 원더티처에 대한 응원 사이 어디쯤 위치 해있었다. 그렇게 후원을 시작했다. 운영진 중에 실제로 아는 사람이 하나도 없었지만 괜찮았다. 파견 기간에는 의식적으로 평소와 다른 생각과 행동을 하려고 노력했다.

만남

어느 날, 한 체육교과 연구회에 초대한다는 톡이 왔다. 아는 사람도 없을 텐데 생태 스포츠라니 더 고민이 되었다. 평상시 같으면 가지 않았겠지만 파견 기간에는 의식적으로 평소와 다른 생각과 행동을 하려고 노력 중이었으므로 나가 보고자 마음을 먹었다. 서울 시내 어느 중학교에서 모임을 진행해서 차를 타고 갔는데 막상 학교에는 불도 꺼져있고 주차장도 찾기 애매했다. '내가 무슨 연구회냐 집에 다시 가자'하며 나왔다가 다시 차를 돌렸다. 어찌어찌 다시 찾아 들어가니 사람들 십여 명이 모여 있었다. 그런데 거기 원더티처들도 있었던 것. 후원을 하

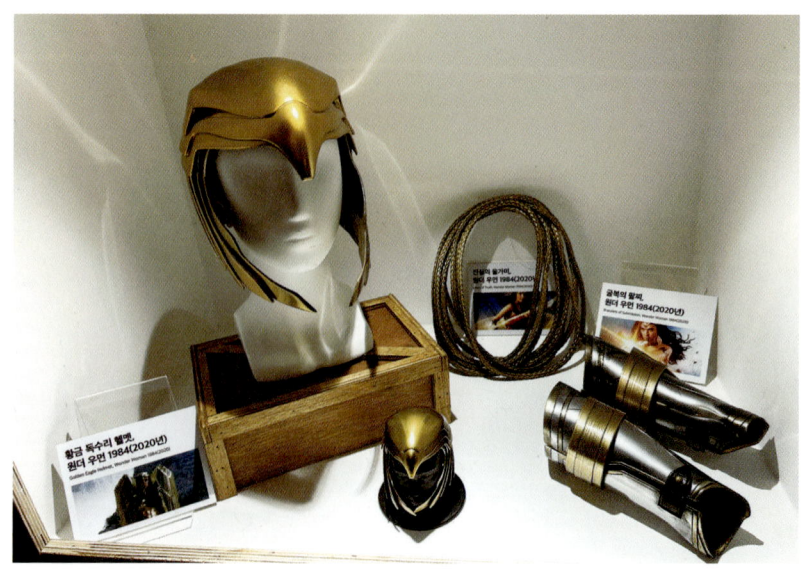

고 며칠이 지나지 않은 날이었다.

생태에 원더티처라니 이 무슨 조합인고. 원더우먼의 고향인 파라다이스 섬에서는 생태가 많이 잡히는가? 도무지 연관성을 찾을 수는 없었다. '어떻게 알고 후원을 했는지', '파견 가면 무슨 연구를 하는지' 다짜고짜 질문을 받았지만 제대로 답한 것은 하나도 없었다. 어쨌든 그날 처음 원더티처들과 만나게 되었다.

앞서 원더우먼 에피소드에서 밝힌 바와 같이 나는 히어로 이야기를 좋아한다. 파견 가면 무슨 연구를 하는지 묻는 질문에 대답하지 못한 것이 내심 마음에 걸렸고 학위 논문을 써야 한다면 교사학습공동체를 주제로 원더티처를 연구해보는 것도 괜찮겠다는 생각이 들었다. 구체적인 계획도 방법도 없었지만 그녀들을 보고 문득 마음속에 든 생각이었.

나는 영화 속에서 원더우먼을 섬 밖으로 데리고 나오는 히어로인, 스티브 트레버가 될 수 있을까?

버디

파견을 오면 또래 교사들을 많이 만날 수 있다. 현장에는 다양한 연배의 선생님들이 고루 있지만 교원대 파견을 오는 선생님들은 30대 초중반이 주류를 이룬다. 비록 나는 조금 늦었지만 그렇다.

교직에 들어와서 지나치게 선생님들만 만나는 것을 경계할 때도 있었다. 인간관계가 좁아지는 것 같았고 틀에 박힌 듯 돌아가는 교직 사회에서 딱히 얻어갈 것이 없다고 생각한 적도 있었다. 하지만 지나고 보니 결국, 같은 선생님들을 많이 알고 지내는 것이 힘이 된다는 사실을 깨달았다. 우리는 결국 교사로 살아가야 하고 학교에 있을 시간이 아직은 너무나 많기 때문이다. 물론, 학교 밖에서 교사 아닌 사람들을 사귀고 만나는 것도 중요하다. 하지만 학교 선생님들을 많이 알고 지낸다고 해서 교사 아닌 사람들을 못 만나는 것도 아니고 그 파이가 줄어드는 것도 아니다. 치킨 게임이 아니라는 말.

같은 또래 교사들을 사귈 수 있다는 것은 좋은 기회다. 대학교 동기들을 생각해보라. 별거 없긴 하지만 사회에 나와 만난 사람들과는 친밀감의 차이가 있지 않은가. 직장을 다니다가 왔지만 파견을 와서 같은 대학원생 신분으로 만난 선생님들은 사뭇 느낌이 다르다. 어쨌든 동기나 선·후배 관계가 형성된다. 호칭이야 선생님, 선생님 하지만 관계는 형·오빠와 선생님 그 사이다. 사실, 어딜 가나 '샘'이라 불리고 그걸 듣는 게 싫어서 형이라고 부르라, 오빠라고 부르라 하고 싶었다. 시도는 했지만 적당한 거리감이 오히려 득이 될 수 있으니 차마 강요하지는 않았다. 하지만 그리 부르는 선생님들을 막지는 않았다.

살다 보니 초·중·고 시절 친구들은 하나둘씩 떠나간다. 직업도 다르고 관심사도 점점 달라지다 보니 만나도 공감이 점점 어려워진다. 터를 잡은 곳도 전국 각지로 달라 물리적으로도 자주 만나기 쉽지 않아진다. 장거리+장기간 연애에 장사 없는 것처럼. 대학교 친구들은 그나마 나은 편이다. 어쨌든 같은 사범대 출신들이고 교사가 된 친구들도 제법 있으며 지역도 같아서 종종 만나게 된다.

친구들은 결혼을 계기로 한 번 정리되더니 출산과 육아라는 터널을 지나면서는 엑기스만 남았다. 하지만 친한 선생님들은 어쨌거나 긴 터널 속에서도 낙오되지 않는다. 그들은 어쨌거나 같은 교사고 학교에 남아 있다.

결국, 교원대 파견을 통하여 만나는 선생님들과의 관계는 대학교와 교직 사이 어딘가 위치했다고 할 수 있다. 지역이 같을 수도 다를 수도 있지만, 우선 같은 파견교사라는 동질감이 있고 다들 열심히 사시는 분들이니 알고 지낼 만한 사람들이라는 소리다. 특히, 기숙사에서 만났던 선생님들과는 더 끈끈한 관계가 형성된다. 오래 살고 볼 일이라지만 오래 보고 살 선생님들을 만날 수 있다는 것이 파견이 주는 묘미 중에 하나다.

나에게는 골프 라운드에서의 버디(Birdie)보다 교원대 파견 생활에서 만났던 버디(Buddy)들이 더 소중하다.

짧은 2년

 2년 하면 떠오르는 게 있다. 바로 군대다. 나는 해병대에서 딱 24개월을 근무했다. 이제 딱 24개월을 보낸 곳이 하나가 더 추가되었다. 한국교원대학교다. 정확하게 2년으로 나의 군 생활 근무 기간과 일치한다.

 해병대에서의 시간은 그렇게도 안 가더니 교원대에서의 시간은 순간 삭제 수준이다. 주말이 짧게 느껴지는 이유를 아는가? 주말은 2일, 평일은 5일이기 때문이다. 그렇다. 실제로 짧다. 그렇다면 교원대 파견 생활이 짧게 느껴지는 이유는 무엇이었을까? 위와 같은 맥락이다. 대학교의 수업 일수는 우리가 익숙한 초·중·고 수업 일수보다 훨씬 적다. 느낌이 아니라 실제로 짧은 거다. 방학이 그만큼 더 길다는 소리. 다들 대학을 졸업한 지 시간이 꽤 흘러서 까먹었을 테다. 수강하고 있는 수업이 종강하면 그때부터 방학이라는 사실을 다들 상기해보시라. 보통 기말고사 시험 답안을 제출하는 순간 방학이 아니었나? 여름이든 겨울이든 대략 한 달 가까이 방학을 빨리한다고 생각하면 된다. 파견 생활은 학교 현장보다 학기는 짧고 방학은 길다.

 단순히 방학이 길다고 좋아할 일만은 아니다. 대학원생의 삶은 원래 그리 호락호락하지 않다. 교원대에는 계절제 석사과정이 있다는 사실을 알고 있는가? 방학 기간에만 교원대로 와 기숙사에서 지내며 수업을 듣는 선생님들을 종종 보셨을 것이다. 겉으로 보면 방학이 길지만 교수님들은 계절제 대학원 수업 때문에 결국 방학에도 수업 일정이 있다. 지도 교수님이 수업을 하신다는 것은 결국, 밑의 대학원생들도 그리 자유롭지만은 않다는 소리다. 전공에 따라 실험을 해야 한다면 파견교사가 보조해야 할 수도 있다. 방학 중 학회 일정이 있거나 각종 프로젝트를 진행해야 하는 경우도 있고 과나 세부 전공에 따라 방학에도 세미나를 계속 진행하는 경우도 있다. 하지만 이것도 잠시다. 어쨌든 방학은 방학으로 여유있게 독서와 사색, 운동, 여행, 각종 연수 참여, 논문 작성법 연구 등과 같은 자기개발을 할 시간적 여유는 충분하다.

나는 방학 때 학술지 논문 작성을 위한 인터뷰와 논문 작성법 연구 등의 활동을 진행했다. 방학 중간에 지도 교수님에게 진행 상황을 한 차례 점검을 받은 것 외에는 온전한 방학을 누렸다. 개인적으로는 책을 읽을 시간적 여유가 많아서 좋았다. 주로 관심 연구 주제와 관련 지을 수 있는 책을 읽었기 때문에 독서는 연구 결과 도출에 긍정적인 영향을 주었다. 학교에 근무할 때는 책을 많이 읽는 편이 아니었는데 파견을 계기로 책과 가까워졌다. 물론, 다양한 방식으로 연구 활동을 진행하는 가운데 가족들과도 유익한 시간을 보냈다. 하지만 지금 생각하면 아이들과 더 많은 시간을 보냈어야 했는데 아쉽다.

학기 중이든 방학이든 간에 2년이라는 시간을 밀도 있게 보내기 위해 치열하게 노력했지만 아쉬운 마음이 드는 건 어쩔 수 없는 듯하다. 그래서 만약 파견을 오시면 더 치열하게 사시라 말하고 싶다. 파견의 시간은 절대 다시 돌아오지 않는다.

머니 토크

　잠시 돈 이야기를 해보자. 교사로서 전문성 신장을 위해 먼 길을 떠나 수업을 듣고 연구를 하고 있지만 나라가 주는 녹봉이 있어야 등록금도 내고 일상생활을 할 수 있으니 말이다.

　4인 가족을 부양하기에 조금 빠듯한 감이 있었지만 어쨌든 파견 2년 동안 월급은 빠지지 않고 들어온다. 파견 후 1년이 지나면 호봉도 똑같이 오른다. 현장으로 복귀하면 또 오른다. 파견 경력은 온전히 호봉을 인정받을 수 있기 때문이다.

　본격적으로 월급 이야기를 해보자. 얼마나 들어오냐고? 수당 몇 가지를 제외하고는 거의 다 들어온다고 보면 된다. 본봉뿐만 아니라 정액 급식비, 교직 수당, 결혼을 했다면 가족 수당(배우자, 자녀), 교원 연구비, 1월과 7월의 정근 수당까지 빠짐없이 들어온다.

　반면, 제외되는 수당은 이렇다. 첫째, 대표적으로 담임이나 보직교사를 맡을 수는 없으니 '담임수당(교직수당: 가산금4)', '보직수당(교직수당: 가산금2)'은 받을 수 없다. 둘째, 초과 근무의 개념이 없으니 초과 근무수당도 들어오지 않는다. 즉, '시간 외 근무수당(정액분+초과분)'은 모두 받을 수 없다. 종합하면, 급여 내역의 칸이 3개가 사라진다. 교직수당 가산금, 시간 외 근무수당 정액분, 시간 외 근무수당 초과분.

　지극히 개인적으로 파견 직전과 비교해보면 부장 수당 7만원, 1년간 월 시간 외 근무 수당(정액분+초과분)의 평균 금액 16만원. 이를 모두 합한 23만원 정도의 금액이 매 월급에서 제외되었다. 나의 경우는 육아로 인하여 평소 시간 외 근무를 거의 하지 않은 경우다. 그래도 학교에 남아 일 좀 하는 선생님이시라면 본인의 시간 외 근무수당을 한 번 확인해보시라. 2024년부터는 각종 수당들이 조금 인상(보직수당 15만원, 담임수당 20만원)되어 기회비용은 조금 더 는다고 할 수 있겠다.

보직·담임수당, 시간 외 근무수당 외 받지 못하는 금액이 또 있다. S등급, A등급, B등급으로 분류되어 받게 되는 교원 성과급이다. 차등 지급율을 50%라 가정했을 때 중간인 A등급이 받을 수 있는 성과급은 400만원을 조금 넘는다. 이를 2년간 받지 못한다. 학교에서 실제 근무하면서 교육을 하지 않았기 때문에 지급하지 않는 것이라고는 하지만 개인적으로는 연구의 성과를 반영하여 파견 교사에게도 소정의 성과급은 지급하는 것이 옳다고 생각한다.

다음으로 대학원의 등록금 이야기를 해보자. 등록금은 교육청에서 지원해주지 않는다. 파견 기간 중에 만났던 학교 선생님들이나 교육청에서 근무하는 분들조차 등록금을 지원해준다고 알고 있는 분들이 있는데 그건 아니다. 등록금은 오롯이 자비로 납부를 해야 한다. 안타깝게도 대학마다 학부생 등록금은 계속해서 동결하고 있지만 대학원 등록금은 꾸준히 오르는 추세다.

한국교원대도 마찬가지다. 대신, 특별 전형이니 만큼 약간의 혜택은 있다. 입학 시에는 내야 할 등록금에서 입학금과 수업료 I 이 면제다. 각 연도 별 등록금 책정 기준에 따라 달라질 수 있지만 대개 입학금은 20만원 내외, 수업료 I 은 40만원 내외로 합치면 60만원 정도의 혜택이 있는 것이다. 결론적으로 수업료 II에 해당하는 금액만 매 학기 납부하면 된다.

파견교사가 받을 수 있는 장학금은 없는 줄 알았다. 사실, 월급도 받고 등록금도 깎아주는 마당에 장학금까지는 생각도 하지 않았다. 하지만 해당 학기 모든 성적이 A+라면 성적우수장학금을 받을 수 있다. 나는 1년 차 2학기에 성적우수장학금 60만원을 받았다.

학교에 책정된 장학 금액은 미리 정해져 있을 것이고 과마다 인원의 차이가 있기 때문에 해마다 전공별로 장학금의 기회는 다를 수 있다. 우리 과는 파견교사들이 상대적으로 많은 편이라 돌아가면서 한 번 정도 받는 것 같다. 다른 과 파견 교사 중에는 성적우수장학금을 2번이나 받는 경우도 있다는 점을 기억하길 바란다. 만약 파견을 온다면 성적우수장학금에 한번 도전해 보시라!

고전하리

　4월 어느 봄날, 기숙사를 오가던 중 대운동장 앞 어느 현수막 앞에서 잠시 걸음을 멈추었다. 독서동아리 회원을 모집한다는 현수막이었는데 모집 대상에 파견교사라고 떡하니 적혀 있었다. 한때 만화방집 아들이었다는 스펙 외에 책과는 별다른 인연은 없어 무심코 지나쳤지만 현수막은 누가 치우기 전까지 계속 걸려 있는 특성이 있었다. 다만, 내가 정말로 거기에 걸릴 줄을 몰랐을 뿐. 파견 기간에는 조금 다른 내가 되어보자고 마음을 먹지 않았던가? '의식적으로 평소와 다르게 생각하고 행동하기'라는 문장은 여전히 나를 지배하고 있었다.

　현수막에 개시된 프로그램은 한국교원대학교 도서관에서 운영하는 전통 있는 교육고전 독서프로그램이다. 파견교사 1명과 학부생 4~5명으로 구성된 독서동아리가 교육고전을 읽고 토론하며 주제 글과 포스터 같은 독서 컨텐츠를 창작하는 프로그램이다. 제출한 독서 컨텐츠는 심사를 통하여 총장상과 상금을 받게 된다. 계획서를 통하여 8팀을 선정하며 1년간 운영한다. 독서 활동과 토론 모임은 5월부터 9월까지 온라인이나 오프라인을 택해서 월 2회씩 하면 된다. 월별로 활동 보고서를 작성해서 담당자에게 메일을 보내는 게 조금 귀찮기는 하지만 정해진 양식에 간단히 작성하면 되기 때문에 어렵지는 않다. 활동 보고서를 써야하는 정규모임은 5월에서 9월까지 5개월간 진행하고 이후 시간은 자유롭게 독서 컨텐츠를 창작하면 된다.

　문제는 학부생들을 파견교사가 직접 모아서 신청해야 한다는 것이었다. 그래서 나는 에브리타임에 애타게 글을 올렸다. 애초 계획은 동아리를 남학생 2명과 여학생 2명으로 구성하여 상당히 균형 잡힌 독서토론을 진행하고자 했지만 웬걸 남학생들만 가입 문의가 쇄도하였다. 선착순으로 남학생 4명을 정했다. 전공은 국어, 일반사회, 윤리, 지구과학으로 전공이 모두 달랐다. 멘토 1명에 멘티 4명으로 총 5명의 구성이 완료되었으니 이제는 동아리 이름은 정할 차례였다.

교육 고전이라... '고전하리' 어때? 머릿속에 직관적으로 떠올랐던 이름이었다. 대한민국의 힘든 교육 현실에 고전하면서 그 해법을 교육 고전을 읽으며 찾아보자는 취지였다. 그리고 독서든 토론이든 글쓰기든 고전이 예상되었기에 더 적합한 팀명 같았다. 학생들도 만족하는 눈치였다. 동아리 이름 짓기로는 벌써 최우수상으로 100만원을 받을 것 같은 착각이 들었다. 그렇게 독서 동아리 고전하리가 결성되었다.

교육 고전 지정도서 목록에서 독서동아리 활동에 사용할 도서를 정해야 했는데 의도치 않게 루소의 『에밀』을 탐독하고자 하는 아이들이 많았다. 나는 당시 파머의 『가르칠 수 있는 용기』라는 책에 매료되어 있어서 그 책을 마음속에 품고 있었다. 그렇게 희망 도서 2권을 제출했지만 가르칠 수 있는 용기는 다른 동아리와 중복이 많이 되는 책이라 선정 받지 못했다. 20권의 지정 도서 목록 중 2권으로 동아리 활동을 해야하기 때문에 8개 팀 간 중복 문제로 조정이 불가피했던 것이다. 교사의 내면과 정체성을 강조하는 책인 가르칠 수 있는 용기는 교사라면 반드시 읽어야 할 필독서이니 안 읽어보신 분은 꼭 읽어보시길 권한다.

최종적으로 독서동아리 활동에 사용할 도서는 루소의 『에밀』과 가르칠 수 있

는 용기와 제목은 비슷하지만 결이 조금 다른 밴 매년의 『가르치는 것의 의미』로 정해졌다. 책을 알아서 구입을 해야 하는 줄 알았는데 도서관에서 진행된 오리엔테이션에서 동아리 활동용 도서를 인원에 맞게 다 대여해 주었다. 혼자라면 읽기 힘든 책

들을 독서동아리 활동을 통해 읽고 깊이 생각하고 토론할 수 있다는 점에서 상당히 좋은 프로그램인 것 같다.

파견교사가 독서동아리를 해야 하는 이유 3가지

❶ 교육 고전을 어떻게든 읽게 된다. 활동은 2권으로 하지만 다른 동아리의 발표와 글을 보면서 대략 10권 내외의 교육 고전을 접할 수 있게 된다. 자발적으로 교육 고전을 읽기란 힘든 일이지만 동아리 활동을 통해서 함께 읽어나가면 어렵지 않게 고전 2권을 독파할 수 있다.

❷ 교사의 역할을 상기하게 된다. 파견 2년 동안은 철저히 대학원생 즉, 학생의 역할이다. 하지만 독서동아리 활동 멘토 역할을 통하여 대학생들을 지도함으로써 교사로서의 자신을 돌아보게 된다. 함께 책을 읽고 토론하면서 배우는 점도 많다.

❸ 많지는 않지만 금전적 보상이 있다. 최종 심사 결과에 따라 상장과 부상(최우수상 100만원, 우수상 70만원, 장려상 50만원)으로 상금을 받을 수 있다. 멘티 교사는 심사에 참여함으로 소정의 심사비도 받을 수 있다.

걷고 싶은 길, **가고 싶은 길**

언제부터인가 걷는 걸 좋아하게 되었다. 나이가 들어간다는 거다. 흰머리도 늘어간다. 불혹이다. 혹하지 않아야 하는데 그도 잘 안 된다. 아이도 둘이다. 챙겨야 할 사람들도 점점 늘어난다. 아이러니하게도 불혹에 현실은 주렁주렁 혹이 많아지고 있다는 것이다. 그래서 마음이 어려워질 때는 반드시 밖으로 나와 걸어야 한다. 근심이 많아질 때면 소화도 잘되지 않아 더욱 그래야만 한다. 나는 소화 기능이 그렇게 좋진 않다.

한국교원대학교에는 걷기 좋은 길이 많다. 수업만 듣고 가기에는 아까운 곳이니 시간을 내서 걸을 만한 곳은 반드시 걸어보시라. 날씨 좋은 날 밥 먹고 커피 한 잔을 들고 여유롭게 걸으면 마음이 편안해진다. 이곳은 복잡한 서울과 대비되는 곳이다. 출근길에 KTX를 타고 서울에서 멀어질수록 마음은 더 편해진다. 이곳 학부를 나온 파견 선생님들은 그 편안한 느낌을 다소 평가절하한다. 그들은 아마도 대학 시절 세련되고 도시적인 캠퍼스와 학교 인근 발달한 상권을 누리는 꿈을 꿨을 것이다. 교원대가 비록 교직의 꿈을 실현 시켜주기는 했지만 대학 시절 꿈꿀 법한 낭만 중 몇 가지는 확실하게 짓밟았다는 것은 단번에 알 수 있었다. 시골과 대학 캠퍼스의 하이브리드적 느낌. 하지만 세련된 도시 남자인 내가 보기엔 퍽 매력적이었다.

대운동장을 둘러싸고 있는 CC 로드는 가장 자주 걸었던 길이다. 체육관에서도 가깝기 때문에 밥을 먹은 후 커피를 사 들고 2~3바퀴를 돌고 나면 어느새 소화가 다 되어 있다. 연구실에 돌아오면 그렇게 논문을 쓸 몸과 마음의 준비가 되어 있다. 저녁에 라이트가 켜지면 대운동장 트랙을 걷거나 가볍게 뛰어도 좋다. 육상 트랙과 잔디를 새로 조성한 지 얼마 되지 않아 상태가 아주 좋다.

시간이 조금 여유가 있을 때는 교원대 전체를 감싸고 있는 둘레길을 걸으면 좋다. 나지막한 산 가운데 산책로가 잘 정비가 되어 있다. 정문 근처 교육박물관을 한번 둘러보고 아래에서 출발해도 되고 반대로 체육관 뒤편에서 출발해도 된다. 산에 난 산책로를 걷고 정문에서부터 활주로처럼 쭉 뻗어있는 청람대로로 돌아외도 되고 다시 신길을 돌아와도 된다. 나는 수료 논문을 쓰다가 막히거나 소화가 되지 않을 때 체육관 뒤편에서 출발하여 교육박물관을 찍고 다시 체육관으로 돌아오는 왕복 코스를 즐겼다. 혼자서도 좋지만 같은 연구실 가족들이나 동기들과 수다를 떨면서 걸으면 시간 가는 줄 모른다.

교원대 둘레길은 자연 친화적이다. 걷다 보면 귀여운 청솔모와 고라니 커플까지 만날 수 있다. 혹시 황새를 실제로 보신 적이 있으신가? 기억하지 마시라. 황새는 1970년대에 이미 우리나라에서는 멸종했다. 사냥 실력이 썩 좋지 않은 편이라 먹이가 줄어들면서 환경에 적응하지 못했다고 한다. 황새 복원의 중심에는 교원대가 있다. 1996년부터 한국교원대학교 황새 생태 연구원에서 황새 복원을 진행 중이다. 둘레길을 걷다 보면 황새 공원에서 교원대의 상징인 황새를 가까이서 볼 수 있다. 교원대는 황새 복원의 임무를 잘 수행하는 동시에 둘레길을 통하여 나의 지친 심신까지 복원하고 있었다.

복원은 빠르게 하더라도 복직은 어떻게 좀 느리게 안 될까요. 둘레길을 조금 더 걷고 싶네요.

기숙사 생활

　3번째 학기에는 기숙사에 들어와 지냈다. 지도 교수님은 한 학기 정도, 그러니까 2년 차의 첫 번째 학기는 교원대학교에 상주해 있기를 원하셨다. 연구실 차원과 제자를 생각하는 마음, 50:50이라 짐작된다. 내 앞에 사수였던 명장님이 2년 내내 기숙사에 들어와 계셨던 것에 비하면 짧은 기간이지만 그래도 대학원 생활에 잠시나마 집중할 수 있는 소중한 시간이었다. 아이 둘을 키우고 있는 육지남(육아에 지친 남성)에게 한 학기의 기숙사 생활이란 꿈같은 것이었다. 이를 허락해준 아내에게 다시 한 번 감사와 사랑을 전하고 싶다.

　기존 교원대 기숙사는 몇 개의 동이 독립적으로 나누어져 있었다. 세월의 흔적이 느껴졌지만 운치 있는 벽돌 건물에 비교적 쾌적한 공간으로 학부생과 대학원생을 수용하고 있었다. 내가 입사할 당시 도시적인 오피스텔 느낌의 기숙사 신관 공사가 한창이었다. 지금은 완공되어 학부생과 일부 대학원생을 수용하고 있다. 운치 있는 벽돌집을 부수고 고층 콘크리트 건물을 쌓아 올리는 것이 개인적으로는 썩 마음에 들지 않았다. 무엇보다 창문으로 보이는 공사장 뷰가 적잖게 당황스러웠다.

　대학원 기숙사인 퇴계관 건물은 마지막까지 살아남았다. 독립된 벽돌 건물에 남자는 1, 2층, 여자는 3, 4층을 사용했다. 하나의 실 안에 중앙 거실이 있고 양옆으로 방 두 개가 나누어진 형태다. 화장실은 하나였지만 나름 넓은 공간에 변기와 세면대, 샤워기가 설치되어 있었다. 오래되긴 했지만 좁아터진 신관보다 훨씬 낫다고 생각한다. 3인 1실이었지만 3명이 쓰는 경우는 거의 없고 2인 혹은 1인이 사용했다. 하지만 우리 실에는 특이하게도 체육과 5총사가 사이좋게 입실해 있었다. 202호 형제들. 이쪽 방에 둘, 저쪽 방에 셋이었다. 굳이 많은 인원이 살지 않아도 됐지만 사이가 좋았다. 일부러 방을 옮기기까지 하며 복작복작 모여 즐겁게 기숙사 생활을 했다.

훨씬 어린 동생들이었지만 같은 해병대 출신이 2명, 고향 후배 1명, 동료의 제자 1명으로 어떻게든 다 엮여 있었다. 덕분에 큰형님 대우를 받으며 평안하게 기숙사 생활을 했다. 202호에서 같은 과 대학원생들, 일반 전형과 파견 선생님들을 불러 종종 파티도 했다. 중앙 거실에 소파와 테이블이 있어서 가능한 일이었다. 기숙사 신관 공사장 뷰와 코골이 룸메이트 빼고는 모든 것이 완벽했다.

옥상 빨래방에는 세탁기와 건조기가 설치되어 있지만 나는 그걸 사용할 생각이 없었다. 기본적으로 손빨래를 할 수 있게 되어있었고 야외에는 빨래줄도 쳐져 있었다. 옛 군대 막사 느낌인데 이게 또 나의 감성을 자극했다. 손빨래와 옥상 빨래줄 건조는 늘 내게는 로망 같은 것이었다. 아날로그적 감성 말이다.

걸어가면 길, 살아가면 삶이라지만 디지털은 나에게 'I feel dizzy'였다. 즉, 디지털은 내게 현기증을 일으키는 대상이었다. 특히, 코로나19로 인한 온라인 수업, 화려해 보였지만 별거 아니었던 각종 에듀테크 기술은 나의 파견을 부추긴 장본인이기도 했다. 또 나는 기본적으로 땀이 적어 빨래를 많이 하지 않아도 되는 사람으로 손빨래만으로 충분했다. 대야와 빨래판, 빨래비누만 있으면 무엇이든 빨 수 있었다. 손으로 빨래 물기를 짜내고 탁탁 털어 빨래 줄에 너는 느낌. 마치 숯불에 구워 먹는 바베큐적 감성이었다. 사실, 무엇이든 넣으면 쪼그라드는 건조기는 남은 음식을 급속으로 데워먹는 정도의 역할을 하는 전자레인지 같았다. 내게 디지털이란 그런 것이었다. 반면, 기숙사 옥상의 손빨래 맛은 좋았다. 교육도 손빨래처럼 하면 참 좋으련만.

수타리봉

한국교원대학교 뒤편에는 수타리봉(126.5m)이라는 작은 봉우리가 하나 있다. 정식 명칭은 '수탈봉'인데 이를 자연스럽게 발음하다가 보니 수타리봉이 되었다고 전해진다. 인근에 물이 잘 솟아나 가뭄에도 걱정 없이 벼농사를 지었다는 데서 유래한 이름이다. 물 걱정에서 탈출했다는 뜻으로 수탈봉(水脫峰)이라 명명한 듯하다.

나이가 들수록 기분이 우울할 때면 산에 올라가고 싶어진다. 산이 주는 묘한 위로가 있다. 기숙사에 들어오면서 조교 선생님에게 가볍게 갈만한 산이 있냐고 물었는데 그때 수타리봉에 대해서 알게 되었다. 조교 선생님은 정문과 기숙사 뒤편 유서 깊은 호프집(?)과 함께 수타리봉의 존재를 알려주셨다. 명장님도 정복하지 못한 봉우리라 전했다. 그래, 수타리봉 정복이다! 일본으로 파견을 떠난 교사 8호에게 후지산이 있다면 교원대학교에는 수타리봉이 있다.

기숙사 입사 후 3월의 어느 아침, 202호 식구들과 수타리봉 등반을 시작했다. 기숙사 뒷길로 나와 논길을 조금 걷다 보면 '수타리봉 둘레길 안내도'가 나온다. 안내도를 바라보고 왼쪽 길로 곧장 올라가면 된다. 나지막한 능선길로 등산로가 잘 조성되어 있으며 정상에 오르면 귀여운 봉탑이 수줍게 등산객을 맞이한다. 기숙사에서 도어 투 도어(Door to Door)로 한 시간 코스다. 내려오자마자 기숙사 식당에서 아침 식사를 하면 하루의 시작이 활기차다. 논문이 잘 완성되게 해 달라고 봉우리에 돌도 하나씩 올리고 왔다. 이 좋은 산행을 202호만 즐길 수 없어 나는 수타리봉 전도에 나섰다. 그렇게 기숙사에 사는 우리 과 학생들을 모아 다시 한번 수타리봉을 올랐다. 아침 등반은 늘 옳다. 시간 맞춰 출발하면 기숙사 아침 식사 시간에 딱 맞출 수 있기 때문에 기숙사 입사자들에게 아침 운동으로는 이만한 게 없다.

한국교원대학교에서는 매년 교장 자격연수가 열린다. 한 기수가 나가면 다음 기수가 계속해서 들어오는데 수타리봉 등반은 전국 각지에서 연수를 받으러 온 교감 선생님들의 주요 아침 루틴 중 하나다.

기숙사에 살지 않더라도 파견기간 동안 한 번은 꼭 올라가 볼 것을 추천한다.

테니스

　코로나19를 겪으며 한반도에 테니스 열풍이 불었다. 잠잠해질 줄 알았으나 좀처럼 잦아들지도 않는다. 서울은 테니스 코트 대란이다. 공공 테니스 시설은 예약하기가 하늘의 별 따기고 사설 코트는 금액이 천정부지로 높다. 레슨 비용도 비싸기는 마찬가지다.

　나는 대학 시절, 테니스 전공 수업 1학점을 수강하며 테니스에 입문했다. 교직에 들어와 테니스코트가 2면이나 있는 학교에 첫 발령을 받았다. 그땐 그게 그렇게 귀한 줄 몰랐다. 당시 체육부장님이 테니스는 꼭 배워야 한다며 레슨 등록까지 해줬는데 주로 어르신들과 테니스를 칠 때라 그리 즐겁지는 않았다. 테니스코트에서 고기는 참 많이 구웠다. 3개월 정도를 배우고는 테니스와 거리를 두었다. 이후 방학 기간 몇 번의 연수나 레슨으로 테니스에 대한 갈증을 풀고 있다. 가끔 지인들과 테니스를 주제로 모이기도 하지만 실력 향상보다는 테니스를 즐기자는 주의다. 그래서 여전히 테린이다. 아마 영원히 벗어나지 못할지도 모른다.

　파견을 오면 시간이 많을 거라 생각했다. 그래서 파견 버킷 리스트에 '테니스'를 집어넣었다. 2년간 열심히 하면 실력이 조금 늘지는 않을까 하는 심산이었다. 실제로 와 보니 교수님을 비롯하여 같은 연구실 사람들이 테니스를 많이 치고 있었다. 자극을 받아 라켓을 조금 자주 들게 되었고 명장님 주도로 팀을 꾸려 동호인 테니스 단체전 경기에도 출전했다. 학회에서 주최하는 테니스 대회에는 참가하여 입상했다. 여러모로 테니스를 즐길 수 있는 환경에 노출되었다.

　교원대학교에는 테니스코트가 있다. 기존에 인조잔디 코트가 4면이 있었는데

2년 차에 보라색 하드코트 3면이 추가로 생겼다. 학부 테니스 수업과 대학생·교수 테니스 동아리가 주로 사용한다. 이들은 대개 사용 시간이 정해져 있기 때문에 나머지 시간은 교원대 대학원생이라면 예약 후 무료로 사용할 수 있다. 4대학 행정실을 방문하여 신청서를 작성하면 된다. 이곳은 서울처럼 코트 예약 대란이라는 게 없다. 도심을 벗어나 나지막한 산으로 둘러싸인 자연 친화적인 테니스장에서 테니스를 즐길 수 있다. 테니스를 취미로 즐기고 있는 교사라면 혼잡한 서울의 코트를 벗어나 여유롭게 테니스를 즐길 수 있다. 테니스를 함께 할 연구실·같은 과 사람들이 있으면 좋지만, 없다면 에브리타임에서 사람을 모집하여 테니스 모임을 만들어보는 것도 좋다. 의외로 테니스를 즐기고 있는 일반전형 대학원생이나 학부생, 파견 선생님들이 많다. 새로운 사람을 사귀고 운동도 하고 이보다 좋은 게 또 어디 있겠는가. 또 청주는 레슨 비용도 서울보다 저렴하다. 그래서 파견 기간 버킷 리스트에 테니스 실력 향상을 넣고 테니스에 빠져보는 것도 좋다. 단, 근무와 연구에 지장을 주지 않는 범위에 한해서 말이다.

모르쉐

　기숙사에 들어온 이후 학교 안에서 자전거를 타고 다녔다. 자전거는 검정색 프레임에 바퀴에는 흰색 테두리가 둘러 있다. 안장 색깔은 옅은 브라운, 바구니는 짙은 브라운이다. 고풍스러웠다. 파견 생활 동안의 나의 발, 애마의 이름은 '모르쉐'로 지었다. 여기저기 잘 몰고 다니자는 의미였다. 브라운 색이 많았지만 절대 포르쉐가 부럽지는 않았다. 포르쉐를 몰고 다닐 형편은 안 되니 '모르쉐'를 몰 수밖에 없었다.

　기숙사에서 체육관, 체육관에서 테니스장, 테니스장에서 다시 기숙사를 오갔다. 기숙사에 들어오면서부터는 테니스를 좀 쳐보자고 마음먹었기 때문에 테니스장은 나의 주요 동선 중 하나였다. 부지런히 타고 다니니 운동도 되는 듯했다. 대학원은 실기 수업이 없었다. 파견 전에 입학하면 실기 수업도 수강할 수 있을 것이라 기대했는데 전혀 아니었다. 대학원은 운동하는 곳이 아니라 그저 연구를 하는 곳이다. 운동은 알아서 해야한다. 그런 의미에서 자전거는 좋은 이동 수단이자 운동 도구였다.

　나름 바쁜 파견 생활에 발이 되어준 모르쉐의 페달을 다시 밟을 수 없음에 슬프다. 기어가 많이 없어서 하체의 근력으로 뻑뻑한 페달을 강하게 밟을 때 들리는 체인 소리가 일품이었다. 테니스장으로 가는 뒷길은 비포장이었는데 모르쉐로도 중심은 잘 잡을 수 있었다. 다들 알겠지만 자전거는 넘어지려는 방향으로 핸들을 꺾어 페달을 밟고 나아가야지만 중심이 잡힌다. 불구덩이에 오히려 몸을 던지려는 의지, 불나방이 되어야 하는 역설을 받아들여야 비로소 자전거의 중심을 잡을 수 있다.

　자전거 위에서 중심을 잡듯 파견 2년 차 기간에는 연구와 가정 모든 부분에서 중심을 잘 잡아나갔다. 자전거를 타고 다니며 하체 운동을 한 탓에 연구실 의자에서도 지구력 있게 앉아 있을 수 있었다.

　"모르쉐, 고마워!"

마지막 세미나를 **준비하며**

발표를 하나 준비하고 있다. 사실, 이렇게까지 열심히 준비할 건 아니다. 겨울 방학 중에 과에서 개최하는 세미나에서 할 발표다. 각 전공에서 세미나 주제에 맞게 발표를 하라는데 딱히 할 사람이 없다. 그래서 석사 2년 차 파견교사인 내가 준비 중이다. 박사 과정을 중심으로 하라는 말이 있었지만 석사 1년 차가 하는 곳도 있고 사실 대중없다. 코로나 팬데믹으로 3년 정도 못 하다가 다시 부활한 행사란다. 굳이 심폐소생술을 해서 부활시킬 필요는 없어 보이는 행사인데 그렇다.

1월은 학위 논문을 최종 마무리해야 하는 달이다. 논문 작성을 완료하고 심사위원에게 도장을 받고 제본해서 제출해야 한다. 나는 그 과정을 진행 중이다. 파견 끝물에 세미나에서 발표도 해야 한다니 당연히 하기가 싫다. 하지만 발표하지 않는다면 그 세미나가 큰 의미 없이 흘러갈 것이 뻔하다. 결국 발표하고 뭔가를 만들어내는 사람이 가장 많이 배운다. 그렇다고 준비가 잘되지는 않는다. 한 3일 고민해서 PPT를 만들었는데 쓰레기를 만들어 놓은 것 같은 기분이 들었다. 나름 준비한다고 집 근처 도서관을 왔다 갔다 했건만.

파견 초기 목표가 있었다. 그건 생각을 말과 글로 표현하는 능력을 기르는 것이다. 완벽하게는 아니지만 2년간 이 능력은 향상되었다. 학술지 1편, 학위 논문 1편을 써냈고 많은 PPT를 만들고 사람들 앞에서 발표나 강연도 했다. 능력과 함께 눈높이가 올라갔기 때문에 방학 중 세미나 발표 준비에 열을 올리고 있는지도 모른다. 쓰레기를 만들어 발표할 수는 없는 노릇이다. 2년간 향상되었다고 자평

하는 역량을 역행할 수는 없기 때문이다. 듣는 사람들이 어느 정도 공감할 만큼은 준비해야 한다는 생각이다. 쓸데없는 자존심 같아 보이지만 2년간 해온 게 이거라 어쩔 수 없었다. 쓰레기를 천천히 재활용해 보는 수밖에. 그렇게 재활용한 내용을 잠시 소개해본다.

세미나의 중심 주제는 '디지털 대전환 속에서 학교체육의 역할과 발전'이다. 내가 만든 발표 주제는 '학교체육 접속 안 중심 잡기'다. 대전환 속에서도 우리는 신체활동, 몸에 중심을 두고 교육을 해나가야 한다는 게 발표의 핵심이다.

우리는 언제부터인가 계속 어딘가 접속하는 삶을 살고 있다. 먼저, 나의 접속의 역사, '접속 사(史)'를 알아봤다.

1990년대 초 PC통신을 시작으로 나의 접속의 역사는 시작했다. 천리안, 하이텔, 나우누리였나? 전도연, 한석규 주연의 '접속'이라는 영화가 생각난다. 1990년대 말 초고속 인터넷 시대를 맞이하면서 빠른 접속이 가능한 시대가 되었다. PC방 문화가 꽃피면서 접속이 더욱 확대되었다. PC방에는 게임을 하는 게임족, 채팅을 하는 채팅족이 있었다. 2007년 잡스가 아이폰을 세상에 내놓으면서 상시 접속의 시대가 열렸다. 2020년 코로나 펜데믹으로 학교체육마저 접속해야 하는 시대가 왔다.

정리하면 내 삶에서 접속이 시작된 이후로 접속은 더 강해지고 빨라지고 많아지고 있다. 접속만 하다가 죽을 것만 같다. 말 그대로 '접속 사(死)' 할 것이다. 죽어서 영혼이 남는 게 아니라 각종 계정들이 남아 디지털 세상을 떠도는 귀신이 될지도 모를 일이다. 접속의 홍수 속에서 우리 교육은 중심을 잡아야 한다. 기술이 발전하고 접속이 강해지는 가운데 우리의 어떤 수치가 좋아졌을까? 국민행복지수나 자살률, 출산율 등은 여전히 개선이 시급한 과제 중에 하나다.

학교체육 접속의 시대, 물론 최악은 아니었다. 인터넷과 스마트 기기를 통한 접속 덕에 '잘 막았다'. 하지만 코로나로 인해 억지로 미래를 당겨왔다는 생각도 지울 수 없다. 설익은 기술들의 교육적 적용이 그리 달콤하지만은 않았다. 발전하는 기술은 문제가 없고 기술도 교육에 적절히 활용해야 한다. 하지만 우리는 기술이나 도구를 어떻게 활용할 수 있는가에만 주목하고 있는 것 같다. 기술을 활용하는 목적이 무엇이며 어떤 학습목표 달성에 도움이 되는지에 대한 성찰이 부족하다. 운동경기의 첨단 판독 기술을 매 판정마다 사용한다면 경기가 제대로 이루어질까? 심판이 눈으로 쉽게 판정할 수 있는 것까지 말이다. 마찬가지로 교육이 매 순간 이런 기술들을 사용하려는 것은 아닌지 생각해 보아야 한다.

또한 균형이 중요한 시대다. 기술에 휘둘리고 있는 이때 체육교육은 그 중심을 몸으로 잡아야 한다. 신체활동 말이다. 기술은 1.0, 2.0, 3.0, 4.0으로 발전하여 4차 산업혁명 시대가 왔지만 우리 몸은 여전히 1.0이다. 기술이 아무리 발전해도 우리는 몸의 시대를 살아가야 한다. 인간은 몸을 떠나서는 살 수 없기 때문이다.

혼란스러운 부분이 또 한 가지 있다. 올림픽과 아시안 게임이 e스포츠를 품었다. 더 이상 e스포츠는 스포츠가 아니라고 소리 내어 말할 수 없는 시대가 되었다. 하지만 e스포츠가 체육은 아닐 것이다. 학교에서 체육관을 PC방으로 바꿔 e스포츠 대회를 하면 어떤 교육 목표가 성취되는지 묻고 싶다. 페이커가 실력과 인성을 겸비하여 교육적인 부분이 있다 할지라도 우리는 페이커가 여전히 Faker라는 사실을 잊어서는 안 된다.

그렇다면 중심은 어떻게 잡아야 하는가? 우리는 이미 답을 알고 있다. 무게중심을 낮추고 기저면을 넓혀야 한다는 사실 말이다. 마찬가지로 우리는 기술에 대한 막연한 기대감을 낮추고 오히려 우리 몸에 대한 성찰의 수준을 넓혀가야 할 것이다. 학교체육은 결국 '접속에서 접촉으로' 중심을 잡아야 하기 때문이다.

〈세미나 발표 내용〉

진보한 디지털 기술인 머신 러닝, 딥 러닝, 인공지능의 교육적 활용을 말하는 세미나에 찬물을 끼얹을 생각은 없다. 하지만 코로나를 겪으면서 그런 기술을 무분별하게 교육에 활용하는 것이 참 별로일 수 있다는 것을 깨달았다. 그리고 디지털 기술의 진보가 삶의 진보를 의미하지는 않는다고 생각한다. 어찌 보면, 가장 진보한 조리 장비인 전자레인지는 넣었다가 빼면 음식이 데워지는 마법을 부리는 듯 보이지만 결국 찬밥이나 남은 반찬을 데우는 용도로 쓰인다. 우리는 우아한 음식을 절대 전자렌지에 넣지 않는다는 사실을 잊어서는 안 된다. 우리가 진정 원하는 건 숯불과 같이 직접 불에 구운 것들, 아날로그 조리법을 통해서 나온 요리들이다.

이처럼 대단하지는 않지만 머릿속에 떠도는 생각을 모아 글을 쓰고 발표하는 능력이 조금 나아졌다. 두려움이 사라졌다고 해야 하나.

사실, 파견으로 딴 석사학위가 자격은 증명해 주겠지만 능력을 유지시켜주지는 않을 거라는 생각이 든다. 파견을 계기로 계속 노력해야 한다. 교사는 전문가. 전문가는 자기가 아는 것과 생각한 것, 할 수 있는 것을 말이나 글로 능숙하게 설명할 수 있어야 한다. 파견 생활은 이렇게 자신의 생각을 글로 쓰거나 남들 앞에서 발표하는 능력을 향상시킬 수 있는 좋은 기회다.

파견 가야 하는 이유

❶ 안 해도 되는 것 때문에
- 학교로 출근을 하지 않아도 된다.
- 수업을 하지 않아도 된다.
- 담임을 안 해도 된다.
- 부장을 안 해도 된다.
- 업무를 안 해도 된다.
- 나이스에 접속, 공문 확인, 기안을 하지 않아도 된다.

❷ 안 해도 들어오는 것 때문에
- 이걸 다 하지 않아도 매달 월급이 들어온다.
- 이걸 다 하지 않아도 매년 호봉이 오른다.

❸ 향상되는 것 때문에
- 글쓰기 능력이 향상된다.
- 발표 능력이 향상된다.
- 문서 작성 능력이 향상된다.
- PPT 작업 능력이 향상된다.

❺ 학사 → 석사

- 자기 이름으로 논문을 한 편 쓸 수 있다.
- 학사에서 석사로 최종 학위가 업그레이드 된다.

❻ 결론

- 4~5년마다 옆 학교로 옮겨 다니면서
  '옆' 그레이드 할 것인가?
- 파견이라는 기회를 살려 자신을
  '업' 그레이드 할 것인가?

파견 안 가도 되는 이유

❶ **충전은 틈틈이 가능하다.**
- 여전히 주말도 있고 방학도 있다.
- 굳이 파견 가서 완전 충전 상태로 2년을 보낼 필요는 없다.

❷ **대학원 생활에 물들 수 있다.**
- 먹물 향을 어설프게 맡은 탓에 책을 쓰는 무모한 도전을 할 가능성이 있다.
- 박사과정에 진학하는 힘든 선택을 할 수 있다.

❸ **현장 감각이 떨어진다.**
- 공문 볼 일, 기안할 일이 없다.
- 수업도 하지 않기 때문에 현장 감각이 다소 떨어진다.
- 복귀할 때쯤이면 막막, 우울하다.

❹ **금전적으로 보면 손해**
- 등록금은 오로지 자비 부담이다.
- 각종 수당과 성과급이 들어오지 않는다.

❺ **다 인정해주지는 않는다.**
- 호봉과 근무년수는 인정된다.

- 단, 실교육 경력은 경우에 따라서 제외될 수 있다. 예를 들어 교육 전문직 등 각종 선발 시험 응시 시에 파견 기간은 실교육 경력에서 제외될 수 있다.

❻ **다른 파견 기회의 접근이 제한될 수 있다.**
- 특별연수 석사파견도 좋은 제도다. 하지만 찾아보면 다양한 파견제도가 있다.
- 보통 파견 다녀온 사람에게는 몇 년 이내에 다시 다른 파견의 기회를 주지는 않는다.

❼ **결론**
- 다 좋은 건 아니다. 본인의 상황과 미래 계획 등을 종합적으로 고려하여 결정할 일이다.
- 선택은 본인의 몫이다.

두물머리

아내와 연애하던 시절, 차를 사서 가장 처음 여행을 떠난 곳이 경기도 양평의 두물머리다. 두물머리는 북한강과 남한강이 만나는 합수 지점으로 여기서 만난 물길이 한강으로 흐른다. 꽤 먼 거리를 운전해서 갔다. 첫 드라이브로는 제법 용기를 내어 간 곳이다. 처음 가 본 두물머리의 풍경은 장관이었다. 정말로 이쪽과 저쪽의 두 물길이 만나 합쳐지고 있었다. 두물머리에서 꼭 먹어야 한다는 핫도그도 함께 먹었다. 그때까지도 매일 아침을 함께 먹는 사이가 될지는 몰랐다.

두 물이 만나듯, 우리도 그렇게 만났고 결혼했다.

파견 생활은 두물머리와 같았다. 십여 년의 교직 생활과 대학원 연구 생활이라는 서로 다른 물길이 만나 교차 되는 지점이었다. 즉, 교직 생활 간에 해소하고 싶었던 물음과 정리되지 않은 생각들을 정리해 볼 수 있는 기간이었다. 그걸 개인적으로 할 수도 있지만 연구와 관련 짓는다면 더 의미가 있을 것이다. 교직에서의 의문을 대학원에 진학하여 풀어가는 과정은 마치 씨실과 날실을 한 땀씩 꿰어가는 과정이었다. 사실, 일반전형 대학원생들은 논문의 주제를 잡는 데 애를 먹었다. 교직에 있어 본 경험이 없었기 때문이다. 하지만 파견 교사들은 교사 생활을 하면서 보고 듣고 경험한 것들이 있으므로 몇몇 연구 주제를 대부분 마음속에 품고 있었다. 머릿속을 뒤적거려 기억을 더듬어보면 분명 해소하고픈 물음이 하나쯤은 있다.

나는 평소 스포츠 활동에 참여하면서 내가 여가를 즐기고 있는 것인지 체육교사로서 전문성을 향상하고 있는 것인지 의문이 들 때가 많았다. 체육교사가 스포츠 동호회 활동에 참여하면서 생기는 일과 여가 사이의 긴장감을 해소하고 싶었다. 그래서 3명의 연구참여자들과 함께 이 문제를 탐구했다. 체육교사에게 스포츠는 워크 라이프 블렌딩(Work Life Blending)의 영역이었다. 여가로서의 스포츠와 일로서의 스포츠는 본질적으로 다르지 않은 하나의 스포츠(One Sport)였다. 살면서 우리에게는 이런저런 역할이 주어진다. 하지만 결국 하나의 삶을 사는 것이다. 이처럼 스포츠도 둘로 쪼갤 수 없었다. 즉, 체육교사에게 스포츠란 일과 여가라는 두 물길이 만나 하나로 합쳐지는 두물머리와 같았다. 그렇게 학술지 한 편을 투고했다. 교직 생활 동안 품고 있었던 물음에 대한 답을 연구로 찾았다.

사실, 연구참여자 중에는 교사 8호도 포함되어 있다. 그녀는 배구 동호인이자 체육교사였기 때문에 매우 적합한 연구참여자였다. 다시 한번 8호에게 고맙다는 인사를 전한다.

만난다는 것은 참 묘하다. 세 명의 글이 모여 한 권의 책이 되는 경험. 실제로, 양평 두물머리뿐만 아니라 경기도 여주시에는 남한강, 섬강, 청미천이 만나는 세물머리도 있다. 그렇다면 이 책은 세물머리다. 같이 세물머리 한번 가자.

질적 연구 vs **양적 연구**

    보고, 쓰기 좋은 것들이 많지만 논문은 보기도 쓰기도 너무나 어렵다. 1년 차에 학술지 한 편을 얼떨결에 KCI 등재지에 게재하고 마지막 학기에는 학위 논문까지 썼다. 어디에 홀린 듯 무한 집중력을 발휘하던 시기가 있어 가능했던 일이다. 파견 기간에는 본업이 연구다. 그래서 어찌 보면 당연한 일인지도 모른다.

    연구에는 기본적으로 두 가지 축이 있다. 하나는 질적 연구이고 다른 하나는 양적 연구이다. 이를 적절히 섞은 혼합 연구도 있지만 우선 따로 알아보도록 하자.

    나의 대학원 전공은 체육교육으로 그중에서도 스포츠 교육학이다. 교수님의 지도 성향상 우리 연구실은 주로 질적 연구를 많이 수행한다. 질적 연구란 쉽게 말해서 어떠한 현상을 연구자의 관점으로 바라보고 해석하여 의미를 도출하는 연구를 말한다. 자연과학에서처럼 실험 기구나 장비를 사용하는 것이 아니라 연구자 자체가 분석 도구다.

    사회과학, 쉽게 말하면 인문적 연구 방법이라고 할 수 있으며 연구 자료는 주로 연구참여자를 대상으로 한 심층 면담이나 문서 수집으로 진행한다. 분석은 질적 연구 코딩 프로그램(타게트, 엔비보 등)을 활용하는데 대단한 프로그램이 아니고 연구자가 텍스트를 반복적으로 읽고 표시하고 메모한 것들을 적절히 분류해주는 프로그램이라고 보면 된다. 프로그램이 없어도 형광펜과 펜, 포스트잇 등을 활용해서 충분히 연구 결과를 도출하는 게 가능하다. 대신 그 과정을 서술할 수 있어야 하며 연구자의 통찰력이 필요한 연구 방법이라고 할 수 있다.

    그렇다면 양적 연구는 무엇인가? 말 그대로 자연과학적 연구 즉, 측정하고 계산하여 객관적인 결과를 도출해내는 연구를 말한다. 생리학, 역학, 통계 등의 전공에서 주로 사용하는 연구 방법이다.

연구자라면 질적 연구와 양적 연구의 소양을 두루 갖추어 탐구 대상과 탐구 목적에 맞는 방법을 사용하여 연구를 수행할 수 있어야 한다. 파견 기간에 질적 연구 논문만 써본 탓에 양적 연구와 관련한 소양은 많이 쌓지 못한 것이 아쉽다. 그래도 질적 연구에 관한 기초 소양을 얻은 것만으로도 충분히 만족할 만한 성과라 할 수 있다. 찰나의 순간을 놓치지 않고 포착하여 의미를 찾아내는 것이 질적 연구의 매력이라고 생각한다. 아이러니하게도 질적 연구는 논문의 분량 즉, 양을 요구한다.

나의 학술지는 25페이지, 학위 논문은 200페이지가 넘는다. 방대한 이론적 배경은 물론이고 수집한 자료, 분석 과정, 해석 결과 등을 논문에 싣기 위해서는 많은 지면이 요구되는 것이다. 연구에 투입되는 시간과 노력의 정도가 양적 연구와는 다소 차이점이 있다. 뭐가 더 힘들다고 딱 꼬집어 말은 못 하지만 질적 연구로 완성된 학위 논문의 두께가 두꺼운 것, 무게가 무거운 것은 부정할 수 없는 사실이다. 전공이나 지도 교수님을 정할 때 이러한 것들 기본적으로 알고 지원할 수 있도록 하자. 연구 방법의 역설은 질적 연구는 양을, 양적 연구는 질을 요구한다는 것이다.

꼭 참고 정리하는 **참고문헌 정리**

    교수님들의 도장을 받고 논문을 제출하기 전까지 10일이 남았다. 계속 고치다가 제출하는 게 논문이라고 귀에 딱지 앉도록 들었는데 틀린 말이 아니었다. 하지만 역시 겪어보지 않으면 모르는 일이다. 또 힘든 일이지만 끝이 있는 일이라고 하지 않았던가. 이제 끝이 조금씩 보이기 시작한다.

    어제는 아내와 함께 참고문헌을 정리했다. 참고문헌 정리는 꼭 참고해야 한다. 사실 그 일을 혼자 할 수도 있었지만 마지막 작업은 꼭 그녀와 함께하고 싶었다. 이걸 같이 하는 부부가 있겠냐만은 남편이 이만큼이나 고생해서 쓴 논문이라는 것을 어필하고 싶은 마음이 컸다. 세보니 200개가 훨씬 넘었다. 나는 본문을 아내는 참고문헌을 확인했다. 저자와 연도를 소리 내어 읽으며 서로 합을 맞춰 잘 못되거나 누락 된 것을 일일이 확인했다. 적당히 컴퓨터를 함께 사용할 수도 있었는데 요즘 부쩍 아날로그가 좋아졌다.

    내 석사학위의 논문 주제는 교사학습공동체다. 학교 밖의 자발적 여성 교사학습공동체를 연구했는데 바로, '원더티처'라는 여성교사체육교육공동체가 대상이었다. 이들의 수업 전문성 향상 문화에 관심을 가지고 공동체 내 숨어있는 문화의 비밀을 밝히고자 호기롭게 연구에 뛰어들었다. 남성 교사가 여성교사학습공동체를 연구한 사례는 많지 않다. 그것도 문화기술지 연구를 통하여 여자공동체를 들여다보기란 쉽지 않은 일이었다. 순전히 원더우먼에 대한 팬심과 원더티처에 대한 관심이 반반 작용했다. 홈페이지에는 그녀들의 감동적인 스토리가 차곡차곡 잘 정리되어 있었고 나는 그걸 논문에 잘 녹여내고 싶었다. 원더우먼에는 미 공군 파일럿인 스티브 트레버가 등장한다. 원더우먼이 트레버를 따라 처음으로 섬에서 나와 바깥세상으로 향하게 되는 것이 원더우먼 이야기의 시작점이다. 나는 원더티처의 스티브 트레버가 되고 싶었다. 온라인뿐만 아니라 직접 공동체를 찾아가 관찰과 인터뷰도 하면서 자료를 수집했다. 이들의 어떤 문화가 여성 교사들의 체육교육 전문성을 향상시키는지 궁금했기 때문이다.

논문 작성의 과정은 쉽지 않았다. 1년 차에는 학위 논문 주제를 계속해서 고민하며 탐색해야 했다. 주제를 정한 뒤 2년 차 1학기에는 기숙사에 들어와 매일 밤 12시까지 논문 계획서를 작성했다. 계획서를 성의껏 준비해서 작성해놓은 탓에 자료수집과 결과 작성에 크게 막히는 부분은 없었지만 관찰일지 작성부터 인터뷰 내용 정리까지 방대한 내용을 추리고 분석해서 결과를 내놓는 과정은 인고의 시간이었다. 하지만 한 가지 주제를 이렇게 장시간, 깊이 있게 탐구하는 경험이 나쁘지만은 않았다. 보고 들은 것들이 속에서 정제되어 글이 되어가는 과정은 신기한 경험이었다. 그리고 그걸 인쇄하여 책으로 만들고 남들 앞에서 발표하는 것 또한 힘들지만 보람 있는 일이었다.

아내도 힘들었다. 내가 논문을 쓰면 독박육아를 해야 했다. 한 학기는 기숙사에 있었으니 오죽했을까 싶다. 그럼에도 불구하고 마지막에 참고문헌 정리를 함께, 그것도 성의껏 해주는 그녀 모습에 감동했다.

"한번 해 봤으니 다음에는 더 능숙하게 할 수 있겠지?"

연장전

　박사과정 등록금 고지서를 조회해 봤다. 300만원이 훌쩍 넘는 금액에 입학금까지 찍혀있었다. 아니 대학 입학금은 없어졌던 거 아닌가요? 학부 이야기다. 사용의 출처가 모호하다던 입학금은 대학원 등록금에서 아직 사라지지 않았다. 특별연수 파견 제도의 도움을 받던 석사과정 등록금처럼 앞에 2자가 찍혀있었으면 얼른 입금을 했을 텐데 순간 멈칫했다. 석사 파견 등록금은 입학금 및 수업료 I이 면제였기 때문이다.
　대학들은 학부 등록금은 몇 년째 동결하면서 대학원 입학금은 꾸준히 인상하고 있다. 학부 등록금은 국가장학금 II나 정부 사업과 연관이 있어 인상 억제책이 있지만 대학원 등록금은 그런 게 없다. 매년 올라왔고 더 오를 테다. 그러면 답은 '안 하거나', '일찍 하거나'다. 그럼 지금이 가장 일찍 아니던가? 일단 등록 마감일에 가상계좌에 납부를 했지만 여전히 확신이 없다.
　누가 하라고 한 것도 아닌데 내가 이걸 왜 한다고 했을까? 박사 위에 '박박사'라는 건 없으니 '일단 시작한 김에 해놓으면 어딘가 도움이 되든 하겠지' 하는 심산이지만 불투명한 미래 앞에 도박을 하는 것 같은 느낌은 여전히 지울 수가 없다. 이 점을 정확하게 꼬집는 주변의 선각자들이 많다. 일단, 말을 안 듣는 걸로 했다.
　한국교원대학교는 학부보다는 대학원 중심 대학교다. 이런 대학이 또 있을까? 졸업생 인원을 봐도 학부 졸업생보다는 대학원 졸업생의 수가 많다. 한국교원대학교 2023학년도 전기 학위수여 인원을 보면 학사가 546명인 데에 비해 석사가 621명, 박사가 36명이다. 교원대의 대학원은 일반대학원, 교육대학원, 교육정책

전문대학원으로 구분할 수 있다. 다양한 목적을 가지고 일반 학생과 교사, 전문직들이 학위를 취득하러 오는 것이다.

  나는 진학 목적이 희미하다. 하지만 연장전에 참전하기로 결정했다. 명분 없는 전쟁인 것 같지만 명분은 만들면 되는 것이고 싸우면서 만들어도 되는 것이라 우겨 본다. 스포츠 경기에서 연장전은 '체력'이 중요하다. 사실, 교직 생활과 육아를 감당하며 공부까지 할 체력이 있을지 자신은 없다. 자신에 차 있다가 무너지기보다는 일단 고전이 예상되며 사서 고생길로 들어섰다 인정하며 나아가려 한다. 주사위가 던져지듯 등록금은 이체되었기 때문이다. 아직 환불은 된다고 하지만 '낙장불입'의 태도와 루비콘 강을 건너 로마로 진격하는 카이사르의 심장을 가지고 박사 과정이라는 연장전을 치르겠다.

  고백하자면 수확은 벌써 있다. 아버지의 사랑과 관심을 확인했기 때문이다. "기왕하기로 한 거 열심히 해라, 돈 걱정은 하지 말고." 없는 살림에 아버지는 박사 등록금을 내주셨다. 안 받을 수도 있었지만 받았다. 나는 학부 시절 등록금을 한 학기라도 아끼려고 조기졸업을 했다. 부모님은 당시 대학원 진학에 대해 이야기를 하셨다는데 내 기억은 흐릿하다. 아마 임용 시험에 합격하고 군대 갈 생각으로 가득 차 있었을 테다. 등록금을 선뜻 받은 것은 그때 뭔가를 못 해준 아버지의 마음을 흐릿하게나마 짐작했기 때문이다. 끝은 알 수 없지만 시작하는 이 시점이 주는 의미 중 하나다.

파견의 마지막 순간에서

2024년 2월 22일, 눈을 떠보니 밤새 눈이 많이 내렸다. 2월 말 이렇게 눈이 많이 내린 적이 있었던가? 졸업을 축하하는 눈치고는 제법 양이 많았다. 아이 둘을 데리고 청주로 내려가 학위 수여식에 참가하려던 참이었는데 살짝 고민이 되었다.

"그래서? 안 갈 거야?"

아내가 말했다. 그 말 한마디에 온 가족은 재빠르게 채비했고 청주로 향했다. 시크릿쥬쥬, 캐치티니핑 노래가 울려 퍼지는 차 안, 뒷자리 남매의 고성을 들으며 차로 1시간 40분가량 달렸다. 석사학위를 받으러 가는 길인데 도착하고 보니 심신은 박사학위를 받으러 온 것처럼 지쳐있었다.

수여식은 2시라 밥을 먹고 학교에 들어갈 참이었다. 신기한 경험을 하나 하였다. 사실, 파견 기간 가 보고 싶었지만 정작 한 번도 가보지 못한 만두전골 집이 있었다. 나는 운전 중인 터라 아내가 식당을 검색했는데 바로 그 집을 찾았다. 아내는 내 뇌를 해킹한 것일까? 망설일 필요 없이 곧장 그리로 향했다. 살다 보니 이런 일도 있구나.

사실, 학위복을 미리 빌렸어야 했는데 복직 준비에 사활을 걸고 있던 터라 제대로 챙기지를 못했다. 학위복은 학위 수여식 10일 전쯤에 미리 빌려야 한다는 것을 전날 알았다. 안내는 되었지만 복직 준비에 정신이 없어 챙기지 못했다. 다행히 연구실 동생의 학위복을 빌려 입고 지도교수님, 연구실·기숙사 룸메이트 등과 기념사진을 찍었다. 석사 학위복은 파란색 라인이 들어가 있었는데 제법 멋졌다. 역시 행사에 맞는 복장을 갖춰 입는 것이 중요하다는 것을 새삼 깨달았다.

교수님은 우리 아들에게 연필과 쿠키를 딸에게는 사탕을 챙겨주셨다. 나는 졸업 선물로 책을 받았다. 책은 샐리 티스데일(Sallie Tisdale)의 『인생의 마지막 순간에서』였다. 인생의 끝, 죽음과 죽어감에 대하여 상세히 고찰한 책이다. 이 글의 제목을 '파견의 마지막 순간에서'로 지은 이유다. 꿈만 같던 시간도 이제 끝이기 때문이다. 그녀는 책에 '취약성(Fragility)이 우리의 가슴을 설레게 한다'고 했다. 시들어버리는 생화(生花), 저물어가는 석양(夕陽)이기에 더 아름답다는 것이다.

2년간의 파견 생활은 행복하면서도 늘 취약했다. 꽃이 활짝 핀 듯 보였지만 동시에 시들어버리고 있었기 때문이다. 파견 생활은 꽉 열림과 동시에 닫히고 있었다. 그리고 오늘 완전히 닫혔다. 감정에 파도가 밀려왔다. 행복에는 충격이 뒤따르는 것이다.

"오 나의 찬란했던 파도(파견 도전)여!"

사실, 학위 수여식 전날, 경기도 교사인 친구에게서 전화가 왔다. 종종 오는 파견 상담 전화였다. 이 책에 제시한 내용 중 일부를 말해주는 데에도 거의 한 시간가량 걸렸다. 파견 준비 방법과 전공 선택, 대학원 생활, 등록금이나 월급 등에서 시작하여 파견이 주는 의미까지 상세히 알려줬다. 내가 파견을 오기 전에 알고 싶었던 내용, 알았으면 좋았을 내용들을 친절히 설명해줬다. 막연히 '좋다'고 해주기보다는 스스로 판단을 할 수 있도록 득과 실에 대한 객관적인 정보를 줘야 한다고 생각했다. 나의 열변에 적잖게 당황하는 듯도 했지만 마지막에는 파견에 대해서 이 정도로 자세하게 설명해주는 사람은 없었다고 고마워했다. 내 파견 순간의 마지막 정리가 또 다른 누군가의 파견 시작을 이끌 수 있겠다는 생각이 들었다.

이 책은 파견을 꿈꾸는 선생님들에게 전화 통화 대신이다. 내가 전화로 선뜻 물어보지 못한 내용들을 정리했기 때문이다. 생각보다 별거 없고 힘들기만 한 것으로 느꼈다면 파견의 꿈을 접게 하는 역할도 했으면 좋겠다. 보기에 괜찮았다면 파견에 도전할 만한 용기를 불러일으키는 것도 좋겠다. 나이 많은 아이 둘 아빠도 해냈으니 말이다.

이 책의 과제는 파견의 필요성과 불필요성을 동시에 표현하는 것이다. 선택은 각자의 몫이다. 각자의 처지, 파견의 이유는 다양하고 아마 파견을 와서 경험하는 것도 다를 것이다. 나는 파견의 답을 제시하기보다는 경험을 공유하고 싶었다. 오로지 나의 파견 경험을 글로 남김으로써 조금은 성숙해진 나의 삶을 나누고 싶었다.

나는 내일 출근한다. 파견의 마지막 순간은 '복직'이다.

PART 2

서울행 7호:
서울대학교 파견
전반전

관악산 항구로

서울대학교 파견제도의 **딜레마**

　많은 교사들이 대학원 석사과정 파견에 관심을 갖는다. 월급을 받으면서도 학위를 위해 공부에 매진할 수 있다는 장점이 얼마나 매력적인가. 그만큼 경쟁도 치열하다. 대표적으로 서울대학교 파견과 한국교원대 파견이 있는데, 내가 서울대학교 대학원 특별연수(파견)에 지원했을 당시 서울시 교육청 기준 경쟁률이 약 7대 1 정도 되었다. 서울시교육청에서 중등 6명을 뽑는데, 추천대상자 즉 지원자가 약 40명대였던 걸로 기억한다. 그런데 서울대학교 파견에는 한국교원대 파견과 달리 지원자가 겪게 되는 엄청난 딜레마가 있다.

　한국교원대 파견은 우선 교육청 자체의 기준에 따라 파견 대상자를 최종 선발인원의 2배수만큼 추천한다. 이후 한국교원대에서 현직 교사들만을 대상으로 한 특별전형시험에 응시하고 그곳에서 합격하게 되면 최종 파견 대상자가 된다. 한국교원대 특별전형 합격자가 곧 최종 파견 대상자가 되는 것이다. 반면, 서울대학교 파견은 교사들끼리 경쟁하는 전형이 따로 존재하지 않는다. 따라서 최초 학교장 추천을 받은 후 일반 학생들과 함께 치르는 대학원 시험에 우선 합격해야 한다. 그런 다음 서울대 대학원에 합격한 교사들을 대상으로 교육청 기준에 따라 파견교사를 최종 선발을 하게 된다. 절차는 아래 그림을 통해 쉽게 이해할 수 있다.

　이러한 절차 때문에 서울대학교 파견을 희망하는 교사는 딜레마에 빠질 수 있다. 서울대학교 대학원 입학에는 합격했지만, 교육청 최종 파견 대상자 선정에서 떨어지는 상황이 발생할 수 있기 때문이다. 파견을 희망해서 도전했지만, 파견은

 떨어지고 서울대학교만 붙게 된 상황이라면 어떻게 할 것인가? 물론 파견에 최종 합격하는 것이 최고이겠지만, 그렇지 못할 경우 플랜 B를 생각해야 한다. 이때, 세 가지 기로에 놓이게 된다. 비전일제(정시제)로 다니거나, 연수 휴직을 써서 대학원을 다니거나, 아예 입학을 포기하는 것이다.

 각각의 플랜 B에 대한 설명을 구체적으로 하면, 먼저 비전일제는 전일제와 다르게 연구실에 상주하는 것이 아니라 직장에 근무하면서 퇴근 후 대학원을 다니는 형태이다. 직장 근무와 병행하기 때문에 전일제처럼 학점을 꽉 채워 강의를 듣는 것은 힘들다. 또한 체육교육과 내규에도 비전일제의 경우는 졸업을 위한 등록 학기가 최소 5학기 이상이어야 한다. 스포츠교육학 연구실에는 학교에 근무하면서 비전일제로 대학원 생활을 하는 교사가 다수 있는데, 일주일에 평균 이틀 정도 퇴근 후 등교를 한다.

 장점은 파견과 같이 경제적인 수입을 유지하면서 대학원을 다닐 수 있다는 것이지만(참고로 파견은 담임 및 부장 수당, 성과금이 제외됨), 일과 공부를 함께 한다는 것과 비교적 긴 의무 학기가 부담될 수 있다. 나같은 경우 파견에 떨어지게 되면, 힘들지만 플랜 B를 선택할 생각이었다. 하지만 이것도 가까운 곳에서 근무하기 때문에 가능한 것이지, 만약 수도권이나 서울이 아닌 먼 지역에서 근무한다면 불가능한 선택지이다.

두 번째 선택지로는 연수 휴직 2년을 쓰고 서울대 대학원을 전일제로 다니는 방법이다. 공부에 전념할 수 있고 4학기 만에 졸업할 수 있다는 장점이 있지만, 월급을 받을 수 없기 때문에 경제적인 측면에서 큰 부담이 될 수 있다. 월급에 비해 부족하긴 하지만 그나마 장학금이나 연구비 지원 기회를 활용하여 약간의 부담을 덜어낼 수는 있는 방법이 존재한다(파견은 장학금 혜택 불가). 지방에서 근무하는 교사인 경우 이 선택지를 활용하는 경우가 많았다.

마지막으로는 입학 포기로, 파견에 최종 선정되지 않아 서울대 입학 자체를 포기하는 것이다. 그런데 이 경우에는 의도와는 다르게 여럿에게 피해를 끼칠 수 있다. 서울대학교 해당 대학원 입학을 희망하는 다른 일반전형 학생들의 소중한 한 자리가 허공에 날아가 버리게 되고, 교수님이나 연구실 차원에서도 갑작스레 해당 연구실 공석이 발생하는 것이 달가운 일은 아니기 때문이다. 물론 선택은 자유이다. 본인에게도 서울대학교 대학원 입학의 기회가 쉽지 않았을 텐데 안타까운 상황이라고 생각한다.

파견만을 희망한다면 참 골치 아픈 딜레마이다. 왜 파견 지원 절차에 이러한 차이가 있는지는 정확히는 모르겠다. 추측건대 한국교원대와 달리 서울대학교 대학원이 일반대학원의 성격을 짙게 가지고 있어 일반 학생들과 형평성을 유지하려는 기조이지 않을까 싶다. 따라서 플랜 B에 대한 생각까지 어느 정도 염두에 두고 지원하는 것이 좋을 것이다. 아니면 파견에 떨어지는 리스크를 줄이기 위해 교육청에서 요구하는 기준에 꽤나 충족했을 때 지원하는 방법이 있다.

100퍼센트는 아니지만 확률을 높이는 것이다. 서울시 교육청, 경기도 교육청 같은 경우에는 교육경력과 근무성적 및 포상실적 등이 변별력 있는 기준이기 때문에 내가 비교적 교육경력을 확보했고, 근무성적이나 포상실적이 어느 정도 충족되었을 때 지원하는 것이다. 대전 교육청 같은 경우에는 기준에 연구나 학생지도 입상 실적이 포함되어있기 때문에 이를 충족하고 지원하면 유리할 것이다.

그렇다면 '최종 파견 합격의 기준을 어느 정도로 가늠하면 되는가?'라는 궁금증이 생길 수 있다. 솔직히 교육청마다 기준이 다르고 매해 기준이 바뀌기도 하며 파견 지원 대상자와 경쟁률도 다르기 때문에 절대적인 기준을 알 수 없다. 그래서 서울시 교육청 기준 2022년에 지원했던 내 점수와 2023년, 2024년에 지원한 후배 파견교사 두 명의 기준 점수를 공개하려고 한다. 혹시 서울시 교육청 소속 교사라면 어림짐작해보는 정도로 약간의 도움이 되길 바란다.

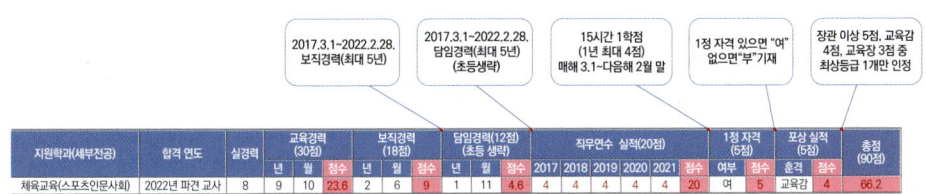

〈서울시교육청 2022년 서울대학교 파견 합격자 점수〉

〈서울시교육청 2023년, 2024년 서울대학교 파견 합격자 점수〉

우리 셋의 교육경력(육아휴직, 기간제교사 경력, 임용 전 군경력 기간 등 포함)이 각각 9년 10개월, 7년, 10년이었던 것을 확인하면 어느 정도의 경력이 합격선이었는지 유추할 수 있다. 참고로 2023년 이후에는 배점이 달라진 것을 확인할 수 있는데, 평가 기준으로 특별연수 계획서(30점)가 포함되었기 때문이다. 이 점수는 확인할 방도가 없어 얼마나 변별이 있는지 파악하기 힘들지만, 7년 경력의 후배 파견교사의 사례를 보면 경력 점수가 아쉬운 교사에게는 게임 체인저가 될 수도 있을 것 같다.

서울대학교 파견에 도전하려는 독자 분들이 계시다면 꼭 합격하시기를 응원하겠다!

바 티처(Bar teacher)

　대학원 파견을 지원하게 된 동기에는 파견 직전 학교에서의 긍정적인 경험과 부정적인 경험이 모두 작용했던 것 같다. 대학원 파견 직전 내가 어떤 교사였으며 어떤 경험을 했는지 그 배경에 대한 이해를 돕기 위해 먼저 대학원 지원 동기에 긍정적인 영향을 미친 나의 경험을 소개하고자 한다.

　어느 학교에나 있지만 있는 듯 없는 듯 소외되고 있는 시설물이 하나 있다. 바로 운동장 한 구석을 우두커니 지키고 있는 철봉과 평행봉이다. 대학원 파견 전 교사로서 나의 캐릭터를 표현하자면 쓸쓸한 철봉과 평행봉에 온기를 불어 넣어 준 '바 티처(Bar teacher)'라고 할 수 있을 것 같다. 내가 철봉과 평행봉에 온기를 불어 넣어주게 된 것은 우연한 계기로 시작되었다. 2019년은 두 번째 학교로 전보 온 해이다. 하루는 학생들은 체험학습을 가고 나는 학교에 출근했던 상황인데, 평소와는 다르게 휑한 운동장에서 쓸쓸함을 좀 달랠 겸 철봉에 매달린 적이 있었다. '왕년에 턱걸이 좀 했었지'라는 자신감은 '왜 이렇게 중력이 세졌지?'라는 의문과 함께 사라졌다. 그래도 웬걸 힘 좀 쓰니 개운한 기분이었다. 그때부터 매일 점심을 먹고 나면 운동장 철봉에 가서 턱걸이를 했다. 이전 학교에서 매일 아침에 일찍 출근하여 러닝을 하던 한 선배 교사가 있었는데, 그 선생님을 모델링 한 것이다. 평소에 마땅히 시간을 내서 운동하기 힘드니까 막간이라도 꾸준히 해보자는 생각이었다.

　이때 나는 철봉 위로 팔을 펴서 몸을 끝까지 올리는 '머슬업(Muscle up)'을 성공하는 것을 개인적인 목표로 정하고 운동을 하였고, 동작을 확인하고 기량을 체크하기 위해 휴대폰 영상을 촬영하였다. 그런데 여기서 재미있는 현상이 나타났는데, 매일 기록한 동작 영상 속에 학생들이 점차 많아지는 것을 확인할 수 있었다. 점심시간 철봉에 모이는 학생들이 하나, 둘 많아지더니 어느 순간 철봉운동 붐이 불기 시작한 것이다. 의도치 않게 일어난 이런 현상이 뿌듯했고, 나는 '우리들의 4.5교시'라는 제목으로 지금까지 기록했던 점심시간 철봉운동 풍경 변화를 영상으로 만들어 유튜브에 업로드하였다.

이후 코로나19가 새로운 팬데믹으로서 학교에 위기 의식을 불러일으켰다. 그때 마침 서울시교육청의 한 장학사로부터 연락이 왔다. 유튜브에서 내 영상을 봤다는 것이다. 요약하면 본인도 철봉이 학생들에게 참 좋은 운동이라고 생각하고 코로나 팬데믹 상황 상황에 좋은 내용이 될 수 있을 것 같다면서 철봉운동을 교육과정에 포함하여 수업해보는 것이 어떻겠냐는 것이었다. 나 역시도 코로나 상항에서 야외의 철봉이나 평행봉 혹은 가성용 철봉이 최고의 헬스 트레이닝이 될 수 있겠다고 생각했던 터라 의견을 바로 반영하여 교육과정을 운영하였다.

학생들에게 건강 체력 관련 활동이 힘들고 재미없다는 인식이 팽배하기도 하고 온라인 수업을 병행하여 진행해야 했기 때문에 어떻게 학생들의 참여를 이끌어야 할지 고민을 많이 했다. 고민 끝에 나는 세 가지 컨셉으로 철봉운동 수업을 진행하였다.

먼저, 롱텀(Long term) 프로젝트이다. 건강 체력이나 철봉 실력이 단기간에 향상될 수 없기 때문에 1학기 기간 동안의 변화 과정과 결과를 평가에 반영했다. 체육수업에서 철봉운동을 하는 시수는 몇 차시 되지 않는다. 운동 방법과 평가 방법에 대한 설명 그리고 형성 평가나 총괄 평가에만 수업에 할애할 뿐이지 대부분의 신체활동은 학생들의 일과 시간에 의존한다. 두 번째는 영상을 활용한 과정중심 평가이다. 한 학기 동안 기간을 줄테니 어떻게든 건강 체력을 길러 오라는 것은 '아나운동'(공만 던져주는 '아나공' 수업에 빗댐)과 다를 게 없다. 철봉운동 기량이 얼마나 향상했는지도 중요하지만 더 중요한 것은 학생들이 얼마나 자신의 체력을 위해 노력했는지 그 과정을 확인하는 것이다. 이를 위해 나는 영상 기반 토론 앱인 '플립그리드(Flipgrid)'를 활용하였고 학생들에게 일과 시간 자신의 운동 영상을 꾸준히 업로드하게 하였다. 마지막으로, 동기부여를 위해 단계적 성취기준을 제공하여 자신만의 목표를 설정할 수 있게 하였고 지속적으로 롤모델을 제시했다. 철봉운동 수행 목표를 10단계로 세분화하여 기존에 체력이 좋은 학생이든 아니든 자신의 수준에 따라 참여하여 얼마나 발전했는지 확인할 수 있게 한 것이다. 그리고 다른 사람의 턱걸이 변화과정을 담은 영상(고도비만 유튜버의 변화 영상, 선생님 영상, 다른 학생 영상 등)을 공유하며 꾸준히 실천하는 것과 자신의 영상을 누적기록하는 것에 대한 동기를 자극했다.

블랜디드 수업으로 철봉 수업을 운영한 것은 첫 시행착오였지만 나름 성공적이었다고 생각한다. 학생들은 일상 속에서 집이나 집 주변 산책로 철봉 등에서 운동을 하였고, 1학기가 지난 후 대부분의 학생들의 기량이 향상한 것을 확인할 수 있었다. 또한, 전면 등교가 된 이후에도 점심시간이나 쉬는 시간에 철봉에 매달려 운동하는 학생들이 넘쳐났다. 당시 우리 학교 학생의 평균적인 상체 근력은 주위 어느 학교보다 뛰어났을 것이라고 자부할 수 있다. 철봉 에어워크를 하는 우리 학생들의 영상이 중랑구청장 신체활동 공모전에서 대상을 타기도 하였다.

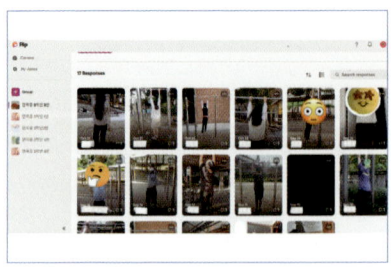

〈FlipGrid 활용 일상적 실천 영상〉

〈중랑구청 신체활동 공모전〉

〈우리학교 철봉 풍경〉

〈단계별 가이드〉

이후 나는 장학사의 추천으로 블랜디드 체육수업을 주제로 한 중등체육직무연수 강사로 위촉되었다. 연수에 참여하기만 했었던 7년 차 교사에겐 뜻밖의 섭외였고 매우 부담스러운 자리였다. 그냥 자신의 경험을 풀고 오면 된다는 얘기에 약간의 위안을 얻고 참여했지만 막상 그 당시에는 엄청 떨었던 것 같다. 또 하루는 다른 팀 장학사에게 연락이 왔다. 디지털 기기를 활용한 혼합 블랜디드 수업 장학자료집 제작에 참여해달라는 것이었다. 아마 내가 휴대기기를 활용해서 철봉 영상 평가를 적용한 사례가 반영된 것 같았다. 원고만 쓸 줄 알았더니 교육청 촬영팀이 와서 내 수업을 찍고 인터뷰까지 하였다. 이때 역시 횡설수설했던 것만 기억난다. 그래도 내가 동료 선 후배 교사들에게 내 경험을 공유하고 얘기할 수 있었던 것은 매우 소중한 기회였다. 어느 정도 내 전문성을 인정받는 것 같았고 교사로서 내 역량을 더 발전시켜야겠다는 강한 자극으로 이어졌다.

이렇게 연수 강사로 위촉되거나 장학사료집에 참여하게 된 계기를 거슬러 돌이켜 보면, 내 건강을 위해 쓸쓸하게 있었던 학교 철봉에 매달려 꾸준히 운동한 것에서 비롯된 것이다. 그때 당시에는 막간을 이용한 철봉운동이 이렇게 나비효과를 불러일으킬지 몰랐다. 몸에 근육 좀 붙이려고 한 실천이 학생들에게도 나아가 동료 교사들에게도 영향을 미쳤고, 근육만 채워졌을 뿐 아니라 교사로서 자신감도 채워졌다.

그래서 또 꺼내 보았다. 꾸준히 운동을 해야겠다는 마음처럼 줄곧 마음 한편에 있지만 있는 듯 없는 듯 애써 소외시키고 있던 바람을 말이다. 바로 대학원 진학이었다. 내가 좋아하는 체육교육에 대해 공부하고 연구해보는 것이었다. 어떤 결과가 나를 기다리고 있을지 모르겠지만 분명 긍정적인 나비효과를 불러일으킬 것이라는 확신에 차 있었다.

'그래 일단 매달리고 당겨보자!'

셀프 리뉴얼(Self renewal)

대학원 파견을 지원하게 된 동기에는 학교에서의 긍정적인 경험만 작용했던 것은 아니다. 대학원 파견 직전 한편으로는 학교에서 피로감을 느꼈다. 두 번째 학교로 온 후 6년 차에는 생활지원부에서 학교폭력 담당을 맡았고 7년, 8년 차에는 생활지원부장을 맡았다. 교사들은 말하지 않아도 이해할 것이다. 얼마나 기피되는 업무인지. 이제 막 두 번째 학교에 온 저경력자인 나에게 생활지원부장 직책을 맡아달라는 요청이 들어왔다. 당연히 중책이고 부담스러운 자리이기 때문에 거절했지만, 학교 상황이 여의치 않아 부탁한다는 관리자의 지속적인 요청에 결국 마음이 약해져 생활지원부장을 맡게 되었다. '그래 첫 번째 학교에서 체육부와 학년부 위주로 업무를 해보았으니 새로운 일도 배워보자', '수업 시수 지원을 해주기도 하니까'라며 최대한 긍정 회로를 돌린 것이다.

솔직히 생활지원부장을 맡은 2년은 꽤 힘든 시간이었다. 물론 훌륭한 계원 선생님들과 함께해 무사히 마무리 했지만 왜 많은 교사들이 생활지원부장을 기피하는지 여실히 느꼈다. 내가 근무하는 학교는 학교폭력 사안이 많은 학교였다. 1년에 평균 20회 이상 벌어졌는데, 관련 행정 업무는 고사하고 자녀가 학교폭력과 관련되어 감정적으로 예민해진 학부모를 대하는 것은 여간 쉬운 일이 아니었다. 학교폭력 전담기구에서 최대한 문제가 생기지 않도록 절차대로 진행하지만 그 과정에서 어떻게 모든 학부모가 아쉬움이 남지 않도록 하겠는가. 그래도 민원이 발생하지 않으면 좋으련만 학교폭력에 대한 사회적 인식이 민감한 만큼 득달같이 달려드는 몇몇의 학부모를 응대해야 했다. 경중이 어떠하든 신고가 들어오면 접수하고 조사해야 하는데, "아이들끼리도 풀 수 있는 사소한 일을 왜 학교에서 크게 만드느냐"라며 따지는 경우도 있었고, 자녀의 진술만을 믿고 학교 조사과정이나 교사를 꼬투리로 잡고 물어지는 학부모도 있었으며, 여학생들간 발생한 사안이 학부모 감정싸움으로 번져 너도나도 구렁텅이에 빠지는 치킨 게임 상황이 연출된 적도 있었다. 상황과 학부모 성향에 따라 공감과 부드러움을 유지하기도 하며 규정과 절차에 따라 단호한 카리스마도 보여줘야 하는데 나는 그 정도의 베테랑이 아니었다. 당시 이러한 일련의 사건들로 인해 정신적 스트레스에 시달렸고 학교폭력 사안이 접수되면 머리가 삐쭉삐쭉 서는 느낌이었다. 출근하고 나면 학교폭력 사안에 따라 롤러코스터를 타는 기분이었다. 그때 나는 생각했다. '잠시만 평온하게 지내고 싶다.' 물론 그때는 대학원이 마냥 평온한 곳이 아니라는 것을 몰랐을 때이다.

그래도 학생들과 함께하는 수업이나 스포츠클럽을 운영하는 것은 여전히 즐거운 일이었고, 내가 하는 일에 활력을 불어넣어 주었다. 학생들이 배구나 농구, 철봉 운동에 빠지게 되는 것이 그렇게 뿌듯할 수가 없었다. 그런데 내가 하는 일에 목적의식과 활력을 불러일으킨 체육 수업마저도 한 사건으로 인해 의욕이 차갑게 식은 적이 있다. 1학년 탁구 수업이었다. 아직 서로 랠리가 안되어 재미를 못 느끼는 학생들을 위해 수준에 맞게 번갈아 가면서 쳐주는 식으로 수업을 했을 때이다.

내가 한 학생과 랠리를 하며 가르쳐주고 있는데 반대편에서 '쿵' 소리와 함께 탁구대가 접혀 무너졌다. 그리고 여학생이 아파하며 쓰러져있었는데 탁구대가 무너지면서 여학생의 발등을 타격한 것이었다. 바로 달려가 여학생의 상태를 확인했는데 발등이 빨갛게 부어 오른 상태였다. 다행히 못 일어날 정도는 아니어서 친구들에게 다친 발을 디디지 않게 부축을 하도록 하고 바로 보건실로 보냈다.

그 후 학생들에게 경위를 물어보니 탁구대 밑으로 들어간 공을 줍기 힘들어서 탁구대를 한쪽 방향으로 밀었는데 그대로 반대편 탁구대가 쓰러졌다는 것이다. 쓰러진 탁구대를 확인해보니 다리를 고정시키는 핀이 접혀있었다. 분명 탁구대를 설치했을 때, 핀을 다 펴서 고정시켜 놨는데 언제 저렇게 접혀있었는지 의아

했다. 그리고 메뉴얼대로 나는 항상 수업 중 활동 전에 학생들에게 안전 지도를 했다. 절대 탁구대 위에 걸터 앉거나 기대거나 밀지 말라고 언급했으며 다른 곳으로 간 공을 줍는다고 스윙을 하는 친구 근처로 가지 말라고 주의를 주었다. 그러나 학생들 한 명 한 명 쳐주고 가르치면서 부주의로 일어난 안전사고를 100% 막을 수는 없었다. 수업이 끝나고 바로 보건 교사에게 연락했는데 조퇴하여 부모님과 병원 진료를 받으러 갔다고 들었다. 그날 바로 담임선생님께 학부모 연락처를 받아 연락을 드렸고, 학생 상태가 어떤지 확인하였다. 학생은 발등뼈에 금이 가는 골절상을 입어 깁스 치료를 받았다.

나의 수업시간에 이런 일이 발생해서 너무 죄송하다는 마음을 전했고 학교 안전공제회를 통해 병원비 지원이 가능하다는 것을 안내해드렸다. 안타깝게 발생한 일이지만 그래도 어느 정도 일을 잘 수습했다고 생각했는데, 학부모에게 다시 연락이 왔다. 그냥 넘어갈 수 없고 진상을 제대로 확인해야겠다는 것이었다. 속상한 마음은 충분히 이해하나 '안전 교육을 했냐', '그 당시 무엇을 하고 있었냐', '탁구대가 중학생 1학년이 힘을 준다고 왜 무너지냐'며 마치 용의자를 취조하듯 나한테 사건 경위를 물었다. 안전교육은 했으나 지도 중 모든 학생들에게 주의를 기울이지 못했던 점, 탁구대를 견고하게 설치했으나 중간중간 잘 확인하지 못했던 점에 대해 죄송하다고 말씀드렸다. 그럼에도 다음날 학교에 직접 찾아와 사건이 발생했던 현장을 보러 왔고 심지어 교감, 교장을 직접 만나 CCTV도 요구하였다. 그리고 교육청 민원까지 이어져 경위서를 적어야 했다. 속상한 마음은 알겠으나 왜 이렇게까지 하는 건지 이해가 되지 않았다.

학교 차원에서 작은 경고를 받았지만 그것은 그리 큰 문제가 되지 않았다. 진짜 문제는 이 일로 인해 내가 수업을 하는 데 의기소침해졌다는 것과 수업에 대한 의욕을 많이 잃었다는 것이었다. 체육수업이지만 수업 중 학생들의 적극적인 신체활동에 예민해졌고, 학생들에게 개별적으로 수행 피드백을 주기보다 안전 문제가 발생하지 않도록 하는 데 온 신경을 썼다. 안전사고가 발생하지 않는 수업에 지나치게 초점을 맞추다 보니 내 수업은 소극적이었고 재미도 없어졌다. 이 사건 이후 내가 하는 일에 대한 무기력을 느끼고 의미를 찾지 못하니 대학원 파견에 대한 갈망이 더욱 나를 사로잡았다.

잠시 한 숨 돌리고 쉬고 싶은 마음이 대학원 지원 동기에 어느 정도 지분을 차지한 것은 사실이다. 그런데 단순히 쉬고 싶었으면 휴직이나 휴가와 같은 다른 대안도 있었을 것이다. 더불어 나에게 진짜 필요했던 것은 뭔가 새로운 목표를 통해 활력을 되찾고 나를 발전시키는 것이었다. 훗날 대학원에서 동료 연구자를 통해 이러한 마음이 '셀프 리뉴얼(Self-renewal)'이라는 개념이란 것을 알았다. 한글로 번역하면 '자기 갱신'이라고 할 수 있다. 인간 존재의 삶이 단지 '사는 것'이 아니라, 보다 나은 삶을 바라보고 환경을 지배하려는 충동에 의한 힘이 작동한다는 것이다.

사람들은 무언가 일에 대한 자극이 부족할 때 변화와 혁신을 탐색하여 그 힘을 보충하고 성취감을 느끼고자 한다. 이렇게 지속적으로 자기를 갱신하는 과정이 인간 삶의 본질인 것이다. 교사의 셀프 리뉴얼을 연구한 동료 교사에 의하면 많은 교사들이 매년 반복되는 학사일정을 거듭하면서 육체적, 정서적 피로감을 느끼고 자신의 성취감이 낮다고 인식하는 번아웃 위기를 겪는다고 하였다. 이를 극복하기 위해서 교사들은 각자의 방식으로 셀프 리뉴얼을 하는데, 어떤 교사에겐 학습공동체나 연수에 적극적으로 참여하는 것이었고 어떤 교사에겐 새로운 교육과정이나 프로젝트를 운영하는 것, 어떤 교사에겐 새로운 환경으로 전보하거나 전직하는 것이었다.

나 역시 중경력으로 진입하는 초입에서 위와 같은 상황으로 번아웃을 겪었고 내가 하는 일이나 환경을 더욱 개선하고 싶다는 힘에 이끌렸다. 그렇게 나는 서울대학교 대학원 석사파견을 선택했고, 이것이 나의 셀프 리뉴얼이었다.

주사위는 던져졌다

　뭔가 종착지가 불투명할 때 부정적인 생각이 나를 사로잡고 앞으로 나아가지 못하게 하는 상황이 발생할 수 있다. 나같은 경우에 그랬다. '어느 정도 나이가 있는 상황에서 뒤늦게 대학원 과정을 잘 마칠 수 있을까?', '고생만 하고 떨어지면 어떡하지?', '설령 대학원은 붙었는데 파견이 안 되면 어떡하지?', '대학원 파견 기간 동안의 실경력 기회비용이 크지는 않을까?' 어렴풋이 대학원 파견 생활에 대한 기대감이 크더라도 이런 부정적인 생각이 불쑥 나타나 행동 의지를 꺾을 때가 있었다. 좋게 해석하면 신중한 것이지만 한편으로는 내 우유부단함과 의지박약을 합리화하는 수단이 되었다. 그래서 나는 주사위를 일단 던지는 전략을 썼다.

　행동을 적극적으로 옮길 수 있는 상황을 만드는 것이다. 가령 영어 공부를 하기도 전에 텝스 시험을 등록하고 텝스 문제집을 산 것, 일단 진학하고자 하는 전공 교수님께 면담을 요청하는 메일을 보내는 것, 기출문제들을 구해서 우선 분석을 해보는 것, 주변 교사들에게 파견에 도전한다는 사실을 굳이 숨기지 않고 공개하는 것 등이었다. 이렇게 하나하나 일을 진척시켜 나가다 보니 어느 순간 루비콘강 앞에 서있는 카이사르처럼 비장해진 나를 마주할 수 있었다.

　'여기까지 온 이상 대학원에 꼭 합격해야 한다. 돌이킬 수 없다. 주사위는 던져졌다!'

　처음에는 서울대학교 대학원 파견을 준비하는 데 있어 무엇을 어떻게 시작해야 할지 막막했다. 대학원 파견에 성공한 다른 교사의 블로그를 참조하기도 하고 서울대학교 체육교육과 대학원에 다니고 있는 선배의 조언을 듣기도 했다. 그렇게 하나하나씩 주사위를 굴리며 상황을 진척시켜갔다. 그럴수록 파견 합격에 대한 바람도 커졌다. 이 과정을 담은 타임테이블은 대략적으로 그림과 같다. 각자의 상황이 다르니 명쾌한 정답지가 될 수는 없겠지만 서울대학교 파견을 준비하는 독자가 있다면 어떠한 주사위를 언제 굴리며 준비했는지 참고하길 바란다.

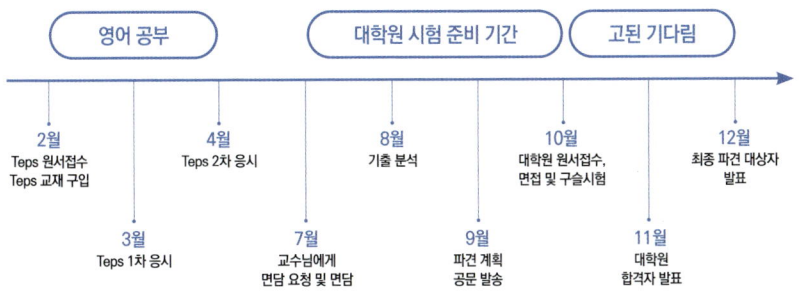

서울대학교 대학원에 입학하기 위해선 우선적으로 TEPS 점수를 만들어 놓아야 한다. 난 나의 영어 점수에 대해 확신이 없어서 연 초부터 TEPS 시험 원서를 접수하고 교재를 구입해 공부하였다. 최근 2년 내 영어 성적만 유효하므로 급하게 준비하기보다 미리 점수를 만들어 놓으면 좋다. 그리고 7월경 내가 관심을 가지고 있는 전공의 교수님께 면담을 요청하는 메일을 보냈다. 미리 연락을 드려 찾아뵙고 면담을 해보는 것이 좋다는 선배 대학원생의 추천이었다.

실제 교수님과 면담하면서 나를 어느 정도 소개할 수 있었고 전공을 확실하게 선택하는 데에도 도움이 되었다. 텝스 점수도 만들었고 교수님 면담도 하면서 가고자 하는 전공을 선택했겠다 이제는 대학원 시험에 열중하기만 하면 되었다. 일단 기출을 토대로 문제를 분석했고 3개월 정도 본격적으로 시험을 대비하였다. 그렇게 시험을 치르고 나면 발표까지 꽤 긴 시간을 기다려야 한다. 대학원 합격 발표는 한 달 정도, 교육청 파견 최종 합격 발표는 두 달 넘게 기다려야 했다. 오래 준비한 만큼 기다림의 시간은 더욱 길게 느껴졌다. 파견 준비 과정은 짧은 호흡이라기보다 긴 호흡이라 할 수 있다. 현장에서 근무하는 데 치여 자칫 흐지부지될 수도 있다. 혹시 대학원 파견에 대한 생각을 어렴풋이 가지고 있지만 차일피일 미루고 있다면 일단 주사위를 던져보는 것은 어떻겠는가?

야너두

　서울대학교 대학원에 입학하기 위한 첫 관문이 있다. 각 학과와 전공에서 요구하는 최소한의 TEPS 영어 성적 기준을 충족하는 것이다. 졸업하는 해에 바로 임용고시를 준비했기 때문에 딱히 취직 준비를 해 본 경험도 없고 평소 영어 공부를 하지 않았던 터라 나에게는 큰 진입장벽으로 다가왔다. TEPS 시험에 대한 감이 없어 일단 시험을 경험하고자 먼저 원서를 접수를 했다. 2~3주마다 정기 시험이 있어 기회에 대한 부담은 없다. 응시료가 부담이 될 뿐. 그리고 최신 기출을 담은 교재를 주문했다. 수능 이후 처음으로 각 잡고 하는 영어공부였다. '뭐라고 하는 거지?', '분명 알았던 단어였는데', '영어공부 좀 할걸'. 영어를 멀리한 15년 세월이 여실히 드러났다.

　보기 좋게 첫 시험에서 신고식을 제대로 치렀다. 청해는 파트가 거듭될수록 오디오 양이 많아 들리지도 않았고 집중력도 떨어져 많은 문제를 찍다시피 했다. 어휘는 뭐가 이렇게 어려운지, 독해는 시간이 부족해 10문제를 못 풀고 찍었다. 만족할 수 없는 점수가 나왔지만 한편으로는 가능성을 봤다. 전공마다 다르긴 하지만 대학원 입학 전공의 TEPS 최소 기준 점수가 300점 전후로 되는데, 이를 넘는 것은 600점 만점에서 반타작만 해도 가능하기 때문이었다.

　'확실히 점수로 가져올 부분만 가져오자'라는 생각으로 전략적으로 접근하면 충분히 가능하다고 생각했다. 나같은 경우는 난이도에 비해 배점이 적은 어휘나 문법보다 배점이 높은 청해와 독해 공부에 집중했다. 특히 독해 같은 경우는 공부하는 만큼 점수가 정직하게 상승한 느낌이었다. 독해에는 특정 출제 유형이 있는데 그 유형에 맞게 문제풀이를 하다 보니 시간도 많이 단축되었고 오답 패턴에도 익숙해졌다. 두 번째 시험에 응시할 때는 비교적 쉬운 청해의 1, 2, 3 파트에서 점수를 최대한 가져오려고 노력했고 독해에서 시간 부족 문제를 조금 해결하였다. 다행히 좋은 결과가 나왔다. 고득점은 아니지만 어느정도 기준 점수를 충족할 수 있었다.

지난 학교에서 근무할 때 서울대 석사 파견 지원 기준을 충족하는 한 선생님이 계셨다. 그 분은 서울대 파견을 고민하시다가 '영어 때문에 안 하려고요.'라고 하셨다. 그때는 그렇구나 싶었는데 지금 생각해보면 안타깝다. 내가 경험해보니 그렇게 포기할 정도로 큰 진입장벽은 아니라는 것을 확인할 수 있었다. 나처럼 한동안 영어와 담을 쌓은 분이 있으시다면 이 말을 전해드리고 싶다. '야너두'

시험과 **면접**

오래간만에 정장에 넥타이를 매고 구두를 신는다. 아침 일찍 집에서 떠난 내 손에는 노트가 하나 쥐어져 있다. 내가 3개월간 정리한 요약 노트이다. 지하철에서 한 번씩 쭉 읽다 보니 어느덧 서울대입구역을 알리는 안내 음성이 들린다. 버스로 갈아타니 나처럼 정장을 입고 무언가를 읽고 있는 사람 반 등산객 반이다. 누구에게는 관악산의 가을 등산을 즐기는 한가한 휴일이지만 누구에게는 대학원 입학에 도전하는 결전의 날이다. 시험실로 들어가면서 들리는 응시생들의 또각또각 구두 소리는 나의 심장박동만큼이나 분명하게 느껴진다. 여기서 누군가는 떨어지고 누군가는 붙겠지, 심호흡을 크게 들이 마쉰다.

시험은 전공시험과 면접으로 토요일 당일에 모두 이루어졌다. 오전에 전공시험을 보고 점심시간 이후 면접을 보았다. 서울대 체육교육과의 경우에는 전공 영역이 크게 스포츠 인문사회, 스포츠과학, 글로벌스포츠매니지먼트로 나뉜다(파견 교사를 선발하는 전공 영역은 스포츠 인문사회와 스포츠 과학 전공이다). 이 세 전공 영역에 따라 배부되는 시험지가 다르다. 내가 선택한 스포츠교육학은 스포츠 인문사회 영역에 포함된 세부 전공이기 때문에 스포츠 인문사회 전공 시험지를 받는다. 체육사철학, 스포츠교육학, 스포츠사회학, 스포츠정보학, 스포츠심리학 분야에서 각 1문제씩 총 5문제가 출제된 시험지로, 이 5문제 중 3문제를 선택하여 논술식으로 답안을 작성하면 된다. 이와 다르게 스포츠 과학 영역에 포함되는 운동역학 전공을 지원한다면 스포츠 과학 전공 시험지를 받게 된다. 운동학습 및 발달, 건강운동과학, 운동역학 분야에서 각 1문제씩 총 3문제가 출제되는데 이 3문제 중 2문제를 선택하여 답안을 작성하면 된다.

나같은 경우는 여름방학이 시작된 7월 말부터 전공시험을 본격적으로 준비했다. 3개월이 약간 넘는 기간이었다. 5문제 중 3문제를 선택해 답안을 작성하는 방식이기 때문에 상황에 따라 공부할 전공을 정해놓고 준비할 수 있다. 예를 들면, 준비할 수 있는 시간적 여유가 많을 경우에는 체육사철학, 스포츠교육학, 스포츠사회학, 스포츠정보학, 스포츠심리학 전공 모두를 공부하며 시험을 준비할 수 있지만, 시간적 여유가 부족할 경우에는 이 중 딱 3가지 전공만 공부해 어떠한 문제가 나오든 그 전공 관련 질문에만 답변하는 모험을 할 수도 있다.

3개월이란 기간이 길면 길고 짧으면 짧을 수 있어 나는 이러한 전략을 절충해서 4가지 전공을 선택해 집중적으로 공부하였다. '4가지 전공 중에 3가지는 걸리겠지'하는 심신이었다. 먼저 이전 기출문세들을 확인해 보았는데 체육사철학, 스포츠교육학, 스포츠사회학, 스포츠심리학 문제들이 나에게 더 쉽게 다가오고 적합하다는 판단을 했다. 그래서 임용고시때 활용했던 이 4가지 전공의 원서들과 교재들을 통해 공부하였다. 추가적으로 공부하려고 했던 것은 내가 전공하고자 하는 교수님의 저서나 논문을 읽는 것이었다. 면접에도 도움이 될 것 같다는 판단과 더불어 기출을 보면 가끔 특정 답이 있다기보다 자신의 생각을 논술하는 문제도 있었는데 이때 논거로 활용할 수 있지 않을까 하는 생각이었다.

다행히도 실제 시험 당시 집중적으로 공부했던 4개의 전공 안에서 3가지 문제를 선택해 답변을 적을 수 있었다. 내가 답안지에 적은 문제는 스포츠교육학, 체육사철학, 스포츠심리학 문제였다. 정확하지는 않지만 어렴풋이 기억을 되살려보면 이런 내용의 문제였다. 스포츠교육학은 2015개정 교육과정의 핵심역량과 이를 위해 어떤 모형을 적용할지에 관한 문제였다. 체육사철학은 근래 바둑과 e스포츠가 올림픽 종목으로 채택되었는데 이를 스포츠로 볼 수 있는지 논거를 제시하며 자신의 견해를 적는 문제였다. 스포츠심리학은 중요한 시합을 앞둔 엘리트 선수와 생활체육 동호인이 있을 때 코치로서 어떠한 심리기술을 활용할지에 관한 문제였다. 한 문제당 한 페이지 이상은 적었던 것 같다. 채점 기준을 구체적으로 모르기 때문에 일단 답이라고 생각하는 키워드나 내용을 적었고 이와 관련된 주변부 내용을 최대한 채워 넣었다. 그리고 교수님의 저서나 논문에서 공부했던 내용을 답안 작성 시에 글감으로 활용하기도 했다.

그렇게 오전에 필답고사를 마치고 1시간 이상의 점심시간을 가졌고 이후 면접 및 구술고사를 위해 입실하였다. 면접 준비는 앞에서 언급했듯이 교수님의 저서나 최근 논문을 읽어보았고, 내가 제출한 자기소개서나 학업계획서를 복기하며 추가적으로 설명하면 좋을 내용을 정리했다. 선배 경험자가 엄청난 압박 면접이라기보다는 자기소개서나 학업계획서를 토대로 질문을 한다고 했기 때문이다. 실제로 면접 때 대학원 지원 동기, 특별했던 경험, 관심 있는 연구 분야와 연구 계획에 관한 질문을 받았고 10분 이내로 마쳤던 것 같다. 압박 면접은 아니었다. 교수님 세 분 앞에서 나 혼자 의자에 앉아 질문에 답하는 상황 자체가 압박이었을 뿐.

71동 체육문화관에서 나와 서울대 미술관 쪽으로 걸어 내려간다. 관악산의 단풍이 이제야 눈에 들어온다. 10월 가을 바람이 시원해서 그런가 내 몸은 날아갈 듯 개운하다. 끝났다. 오랜만에 뚜렷한 목표를 가지고 질주했고 지금 막 완주하였다. 결과가 어떻게 나오든 일단 이 날아갈 것 같은 기분을 즐기겠다. 그렇게 일부러 천천히 걸으며 산 공기를 크게 들이마신다.

서울대 파견 준비 QnA

내가 서울대 파견을 준비한 과정을 소개했지만 글에서 드러나지 않은 그 외 궁금한 사항도 있을 것 같아 몇 가지 질문에 대해 답변을 하려고 한다. 실제 내가 대학원 파견 기간 중 지인이나 파견을 준비하는 다른 교사에게 받았던 질문들이다.

Q) TEPS 점수는 최소 기준에만 충족하면 되는가? 고득점을 받아야 좋은 것인가?

A) 영어 성적은 최소 기준만 넘으면 자격 요건이 되고 성적에 따라 차등 점수가 부여된다는 사실은 명시되어 있지 않다. 그래서 나같은 경우도 조건을 충족한 이후 고득점을 위해 계속 공부하거나 재차 시험에 응시하지 않았다. 다만 면접 때 교수님께서 영어 점수를 어느 정도 살펴보시는 것 같았다. 면접 당시 내 영어 성적을 확인하신 한 교수님께서 '만약 대학원에 합격하게 된다면 영어 공부에도 노력을 많이 기울이셔야겠어요.'라고 했었다. 부끄럽지만 응시 자격 기준에서 20~30점밖에 여유가 없는 점수였다. 이러한 개인적인 경험으로 비추었을 때 기준을 충족하면 영어 점수가 합격 당락을 결정하는 결정적인 요인은 아닌 듯하다(그래도 합격은 했으니). 그러나 면접에서 어느 정도 반영이 되는 부분으로 느껴졌고, 선발에 있어 시험 성적이나 다른 기준이 비슷하다면 영어 성적은 높으면 높을수록 좋지 않을까 생각한다. 그래서 비교적 시간적 여유가 있다면 기준을 충족했더라도 더욱 높은 고득점을 받기 위해 노력하면 좋을 것 같다.

Q) 필답고사 기출문제는 어디서 어떻게 확인하였나?

A) 처음 필답고사 기출문제를 찾고자 체육교육과 홈페이지를 확인했지만 그곳에 관련 자료는 없었다. 훗날 선배가 서울대 체육교육과 대학원 기출문제집을 물려줬는데 서울대 근처에 있는 레인보우북스 출판사에서 구할 수 있다고 한다. 최근 기출 자료는 없었지만 2010년대 기출을 확인할 수 있었다. 실제 비슷한 문제 유형이 나와 꽤 도움이 되었다고 생각한다.

Q) 체육교육과의 모든 전공에서 파견 교사를 선발하는가?

A) 그렇지 않다. 서울대 체육교육과 대학원은 크게 스포츠 인문 사회, 스포츠 과학, 글로벌스포츠매니지먼트 3개 영역으로 구분할 수 있고 그 안에 15개 이상의 세부 전공으로 구성되어 있다. 파견 공문에 의하면 스포츠 인문 사회, 스포츠 과학 영역에서만 파견 교사를 선발한다. 다만 세부 전공별로 파견 교사 선발에 대한 기조가 다르기 때문에 사전에 관련 전공 교수님과 상담을 해보는 것을 추천한다. 예를 들면 비전일제(직장을 다니면서 퇴근 후 대학원을 다니는 형태)를 뽑지 않고, 전일제를 뽑는 세부 전공일 경우 파견 교사 선발이 부담이 될 수 있다. 선발을 했지만 교육청 파견에서 떨어진다면 전일제를 원칙으로 하는 연구실 입장에서는 곤란한 상황이 연출되기 때문이다. 따라서 이와 관련해 교수님과 미리 상담해보는 것이 좋을 것이다. 내가 전공한 스포츠교육학은 이런 측면에서 부담이 적었다. 파견이 아니더라도 많은 교사들이 비전일제로 대학원을 다닐 수 있는 환경이기 때문이다. 실제 연구실의 1/3 정도가 비전일제로 대학원을 다니고 있는 교사이다. 스포츠 교육학 연구실에는 파견 교사가 많다. 2021년에는 대전에서 2022년, 2023년, 2024년은 서울에서, 4년 연속 1명씩 스포츠교육학 연구실에 파견으로 입학했다.

Q) 대학원 입학과 파견 경쟁률은 어느 정도 되었는가?

A) 전공과 지역에 따라 그해 지원자의 수에 따라 복불복이다. 그래도 어느 정도 경쟁률을 가늠해보고 싶은 마음은 나 또한 마찬가지였기 때문에 2022년 서

울대 체육교육과 스포츠교육학 전공, 서울시 교육청 파견 기준으로 답변을 드리겠다. 먼저 서울대 스포츠교육학 전공 입학 경쟁률은 3대 1 정도였던 걸로 추정된다. 면접 대기시간 스포츠 교육학 전공 지원자가 15명이란 것을 알았고 최종 합격한 입학 동기가 5명이었기 때문이다. 서울시 교육청 파견 경쟁률은 일단 공문을 통해서 단순하게 추정할 수 있다. 최초 추천된 중등 교사가 40명대, 최종 선발 인원이 6명이었으니 7대 1 정도라고 수치화할 수 있는데, 이는 과대 추정치이다. 최초 추천된 40명이 넘는 교사가 모두 서울대 대학원에 합격하지는 않았을 것이기 때문이다. 합격자들만을 대상으로 6명을 최종 뽑는 것이니 실제 경쟁률은 훨씬 줄어들 것이다. 전공마다 다르겠지만 대학원 합격률을 넉넉잡고 50%라고 가정한다면, 대학원 합격 후 서울시 파견 경쟁률은 3대 1 정도 되지 않았을까 생각한다. 하지만 앞서 말했듯이 상황에 따라 복불복이기 때문에 큰 의미를 둘 필요가 없다. 내가 컨트롤할 수 있는 것을 잘 준비하다 보면 좋은 결과가 있을 것이다.

기다림 **끝에**

 기다림은 항상 힘들다. 고등학교 때 짝사랑하던 여학생에게 고백하고 그녀의 답변을 기다리는 것도 힘들었고, 임용고시 이후 최종 발표를 기다리는 것도 힘든 일이었다. 그나마 고백했던 여학생에게는 짧은 시일 내에 친구 사이가 좋겠다는 답변을 받아 기다림이 길지 않았고, 임용고시 합격 발표는 발표 일시가 정해져 있어 조바심 내지 않고 마음의 준비를 할 수 있었다. 반면 이번 기다림은 더욱 고된 느낌이랄까. 시험을 치르고 나면 최종 파견 대상자가 발표되기까지 꽤 긴 시간을 기다려야 할 뿐더러 정확히 언제 발표가 나는지 정해지지도 않았다.

 파견 당락에 따라 다음 해 계획이 뒤바뀔 수 있기 때문에 빨리 결과를 마주하고 싶었지만 그럴 수 없었다. 10월 중순 시험을 치렀고 11월 말 대학원 합격 발표가 났으며 12월 말 교육청 최종 파견 대상자를 확인할 수 있었으니 2개월 하고 보름 남짓한 기다림이었다. 사실 기다리다가 중간에 언제쯤 발표가 나는지 확인하고 싶어 교육청에 문의를 하기도 했다. 그러나 지금 진행 중이며 조금만 기다리시면 합격자를 통지하는 공문이 발송될 것이라는 안내뿐이었다.

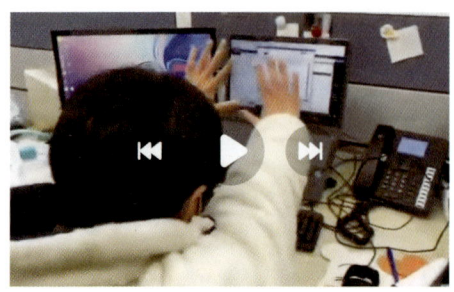

 그렇게 기다림에 지쳐 학기말 바쁜 현실의 삶에 집중하고 있었을 때였다. 4교시 수업을 마치고 오는데, 우리 부서 기획 선생님께서 빨리 공문을 확인해보라고 하는 것이었다. 내가 준비하는 과정을 옆에서 지켜봤고 간절히 기다렸던 것을 알던 터라 문서등록 대장에 관련 공문을 먼저 발견하고는 부리나케 소식을 전달한 것이었다. 우리 부서 선생님들과 함께 떨리는 마음으로 공문을 확인했다. 최종 합격자 명단 엑셀 파일이 있었고 이를 클릭하려고 하는데 기획 선생님 '잠깐'하더니 핸드폰 카메라를 켰다. 그렇게 엑셀 파일에서 나의 이름을 확인하고 호들갑 떨며 좋아하는 나의 모습은 영상으로 박제되었다. 훗날 이 영상은 대학원에서 힘든 일이 있을 때 초심을 회복하는 데 활용되었다.

Unpack,
교사 셋 파견행

PART 2

서울행 7호:
서울대학교 파견
후반전
항해기

새로운 근무지

처음 학교에 발령받았던 2014년 2월말과 대학원에 파견되었던 2022년 2월말은 닮아있었다.

2014년 내 첫 근무지, 공무원증을 신청하고 발급받는다. 공무원 신분을 증명할 수 있고 약간의 혜택은 덤이다. 2022년 내 새로운 근무지, 학생증을 신청하고 발급받는다. 교내 학생임을 증명할 수 있고 학식이나 부대시설 할인 혜택은 덤이다.

2014년 내 첫 근무지, 공인 인증서를 발급받고 교육청 업무포털 아이디와 비밀번호를 등록한다. 이제 나는 학교 소속 교원으로서 우리학교의 모든 공문을 문서등록대장에서 확인할 수 있다. 2022년 내 새로운 근무지, 학생으로 인증받고 중앙도서관 아이디와 비밀번호를 등록한다. 이제 나는 중앙도서관에 있는 모든 도서와 학술지 및 논문을 열람할 수 있다. 국내외의 저명한 학술 DB도 무료로 이용 가능해 국내 및 해외의 도서와 학술지를 원하면 언제든지 볼 수 있다.

2014년 내 첫 근무지, 선배 교사에게 올해 진행될 교육과정을 안내받아 나름 수업계획과 평가계획을 짜본다. 이번 학기 해야 할 수업 시간표를 교무 수첩 맨 앞장에 끼워 넣는다. 2022년 내 새로운 근무지, 대학원 선배에게 석사 졸업을 위한 필수 과정을 안내받아 수강 계획을 짜고 이번 학기 수강신청을 해본다. 첫 학기는 포부 있게 12학점 풀 학점으로 채운다. 이번 학기에 들어야 할 수업 시간표를 다이어리 맨 앞장에 끼워 넣는다.

	월	화	수	목	금
10:00~12:50					
13:00~					
14:00~					인공지능기반 교육
15:00~					
16:00~					
17:00~					
18:00~		체육교수이론 특강	체육학 질적연구법	체육학입문	
19:00~					
20:00~20:50					

 2014년 내 첫 근무지, 비워진 교무실 책상과 서랍에 필요할 것만 같은 짐들을 일단 푼다. 2022년 내 새로운 근무지, 스탠드가 있는 큰 책상과 서랍장에 필요할 것 같은 책들을 일단 푼다.

 2014년 첫 근무지, 선배 선생님들께서 환영해주신나. 대부분이 나보다 나이가 많은 선생님이신데 괜히 어른스러워진 기분이다. 2022년 새 근무지, 선배님들이 환영해주신다. 대부분이 나보다 나이가 적은 선배님인데 괜히 젊어진 기분이다.

 2014년과 2022년 2월 말은 너무나도 닮아있다. 두근두근 설레는 마음까지. 새로운 근무지에서 나는 어떠한 항해를 하게 될까?

Vlog

유튜브 채널도 있겠다 한 번쯤 '대학원 파견생활의 하루를 담은 Vlog를 찍어볼까?' 하는 마음이 있었다. 그러나 부끄러움과 귀찮음으로 2년 내내 실천으로 옮긴 적은 없었다. 늦었지만 하얀 종이 위에라도 대학원 생활을 대표할 수 있는 하루 일상을 그대로 중계해보려고 한다.

▶ 출근길 지하철 씬

"안녕하세요! 오늘은 제 대학원 파견 생활의 하루를 담아볼까 합니다. 9시까지 연구실로 출근을 해야 하는데 오늘 좀 늦었네요. 저희 집에서 서울대까지 1시간 30분이 걸리는데 이동 시간만 하루 3시간이나 됩니다. 이 시간도 여러모로 활용하려고 했는데 그냥 눈 감고 자는 것이 최고란 것을 깨달았습니다. 눈 좀 붙이고 이따 다시 카메라 켜겠습니다."

▶ 연구실 씬

"저희 스포츠교육학 연구실입니다. 여기 자리를 보시면, 꿀템들이 몇 가지 있습니다. 먼저 듀얼 모니터는 꿀템 이상 필수템입니다. 듀얼 모니터가 있어야 피피티를 만들거나 논문을 쓰는 데 훨씬 작업속도가 빨라집니다. 다음 저소음 키보드입니다. 함께 쓰는 연구실이다 보니 키보드 소

음이 다른 사람에게 피해를 주는 경우가 있는데요. 시간에 쫓겨 흥분한 상태로 타이핑해도 조용합니다."

"여기에 앉아있는 시간을 2년 동안 환산하면 얼마나 될까요? 엉덩이가 무거워야 논문이 잘 나온다는데, 고퀄의 방석과 의자도 필수입니다. 저희의 엉덩이와 허리는 소중하니까요."

▶ 학생 식당 씬

"서울대학교에는 엄청나게 많은 식당이 있습니다. 동원관, 음미대식당, 자하연식당, 두레미담, 공깡.... 등등 그 중 제가 제일 좋아하는 식당은 301공대 식당입니다."

"맛도 있고 뷔페식이어서 제가 맘껏 양을 조절할 수 있습니다. 가격도 합리적입니다. 사실 제가 받는 양을 감안하면 저렴하죠! 셔틀버스 타고 10분 정도 와야 하는 수고가 필요하지만 먹는 낙을 포기할 수는 없습니다."

▶ 체력단련장 씬

"의자에만 앉아 있다보면 체력이 떨어지게 마련입니다. 그래서 저같은 경우는 점심시간 이후 막간을 이용합니다. 보통 1층에 개방된 체력단련실에 가는데 연구실 동기들과 함께 15분 정도 철봉을 합니다. 두 달째 지속하고 있는데, 동기들도 저도 턱걸이 횟수가 기존 가능 횟수에서 10개 이상은 늘었습니다."

▶ 연구실 씬

"요즘 주간에 육아를 도와주지 못하니, 새벽 수유는 제가 담당하고 있습니다. 그래서 지금쯤 되면 피곤이 몰려옵니다. 사실 점심을 너무 많이 먹은 탓일 수도 있습니다. 턱걸이 후유증일 수도 있고요. 어쨌든 잠깐의 오침은 두뇌 회전에 좋다고 들었습니다. 의자를 최대한 젖히고 수면안대를 착용해 줍니다."

▶ 교수님을 뵙고 연구실로 돌아오는 길 씬

"금방 학위 논문 중간 지도를 받으러 교수님께 다녀왔습니다. 빨간펜으로 난도질을 당했습니다. 예상하지 못했던 것은 아니지만 생각보다 처참하네요. 그래도 이 과정을 통해 많이 배웁니다. 하하하, 오늘 다 수정할 수 있을까요?"

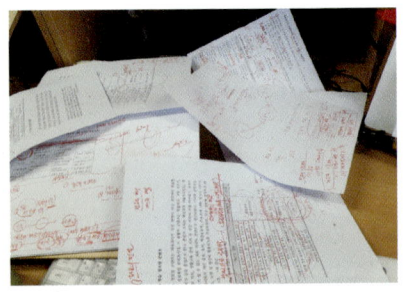

▶ 실내 골프장 씬

"이제 대학원 골프 수업에 참여합니다. 저희 연구실 박사 선생님께서 진행하는 골프 수업으로 체육관 지하에 있는 최신식 스크린 골프장에서 매우 저렴하게 배울 수 있습니다. 골프 스윙을 유형화하면 '스윙어', '스트라이커', '디스트로이어'가 있다는데,

저는 디스트로이어라고 하네요. 힘을 빼는 것이 왜 이렇게 어려울까요."

"파견근무 중 학교 시설을 이용하거나 대학원 강의를 들으면서 운동하거나 실기종목을 배울 수 있는 기회가 정말 좋은 것 같아요. 테니스장도 잘 되어 있는데 이 참에 테니스도 배워볼까 생각 중입니다."

▶ 강의실 씬

"이제 저녁 6시를 앞두고 있는데 3학점짜리 체육연구설계법 수업이 있습니다. 저는 이번에 9학점 수강신청을 했고 일주일에 세 개의 강좌를 듣고 있습니다. 체육연구설계법은 대학원 필수학점으로 수강생의 연구역량을 기르기 위해 연구방법에 대해 자세히 배우는 수업입니다. 요즘 양적연구의 추론 통계에 대해 배우고 있는데 내용이 만만치 않습니다. 그래도 잘 듣고 오겠습니다!"

▶ 집으로 돌아가는 길 씬

"수업이 끝나니 벌써 저녁 9시네요. 긴 하루였습니다. 수업이 없는 날은 더 일찍 퇴근하는데 저녁 수업이 있는 날은 어쩔 수 없습니다. 집에 도착하면 11시 정도 될 텐데 빨리 발 뻗고 자고 싶네요. 그럼 이만 시청해주셔서 감사합니다."

패닉 몬스터

지금 생각해보면 무사히 졸업을 해서 참 다행이라고 생각한다. 나는 엄청나게 늦장을 부린다. 요즘엔 MBTI로 그 성향을 많이 표현하는 것 같은데, 그렇다 나는 극 'P'이다. 어떠한 일을 해야 할 때 그 일을 최대한 미룰 수 있을 때까지 미룬다. 도저히 이러다가는 큰일나겠다 싶을 때 비로소 시작한다. 과제 발표 하루 전날 밤, 그제서야 PPT 시작 페이지를 만들곤 했다. '신에게는 아직 18시간의 시간이 남아있습니다.' 거의 이순신 장군급 자신감이다. 이것을 나의 나쁜 습관이라 해야 할지 성격이라 해야 할지 모르겠지만 대학원 생활 중 꽤 많은 패닉 몬스터[1]를 마주해야했다. 내가 겪은 패닉 몬스터를 소개하겠다. 참고로 지극히 주관적인 기준이다. 계획적인 'J'에게는 이렇게까지 나타나지는 않는다.

먼저 저글링급 패닉 몬스터이다. 크기는 작지만 석사과정 중 꽤 빈번히 마주한다. 강의에서 요구하는 글쓰기 과제나, 발제 및 발표 과제에 해당한다. 에너지 드링크나 커피의 스팀팩을 활용한다면 하루 이틀 정도의 스프린트로 벗어날 수 있다. 만에 하나 공격을 당하면 성적에 스크래치가 나거나 대학원 생활의 자신감이 떨어질 수 있다.

다음은 럴커급 패닉몬스터이다. 저글링에 비해 훨씬 무섭고 큰 몬스터로 석사과정 중 세 번 전후로 마주할 수 있다. 소논문 작성, 학회 포스터 발표 및 구두 발표에 해당한다. 데드라인 2주 전부터 그림자가 드리우면서 오싹해진다. 에너지

---

1) Tim Auburn의 'Inside the mind of a master procrastinator' TED 강연에서 비유되어 소개된 표현으로 일을 미루는 사람에게 마감일이 다가오면 나타나게 되는 몬스터이다.

드링크나 커피와 같은 스팀팩은 무조건 필요하다. 게다가 이 몬스터는 치명적인 게 스플래쉬 공격 타입이다. 이때부터는 지도 교수님과 연구실 이름도 걸려있어 내가 공격당할 경우 주변부도 동시에 데미지를 받을 수 있다.

　마지막으로 울트라리스크급 패닉 몬스터이다. 어마무시한 크기이고 석사과정 중 딱 두 번 마주한다. 학위논문 계획발표와 학위논문 결과발표이다. 너무나 커서 두 달 전 저 멀리서부터 시야에 들어온다. 덕분에 현재 나는 커피 애호가가 되었다. 분명 그 쓴 커피를 왜 마시는지 모르는 나였는데, 지금 나는 손수 내린 드립 커피를 원두별로 즐기고 있다. 그 어마어마한 카이저 칼날의 공격을 받게 되면 해당 학기에 졸업하지 못할 수 있다.

　만약 이러한 패닉 몬스터를 동시에 마주하게 되면 어떨까? 상상도 하기 싫은 순간이지만 불행히도 2023년 4월경 나에게 도래한 현실이었다. 스포츠교육학회지 소논문 투고, 미국에서 열리는 체육교사 축전인 SHAPE(The Society of Health and Physical Educators) America 포스터 발표, 학위논문 계획발표가 겹치게 되었다. 이렇게 겹칠 것을 어느 정도 예상했기 때문에 뭐 하나라도 미리미리 했어야 했는데, 아까 말했듯이 난 극도의 'P'이다. 패닉 몬스터가 동시에 등장하고야 석사과정 최대의 위기라는 것을 직감하고 움직이기 시작했다. 생전 처음 가보는 미국에서도 시간이 나면 학위논문을 써야 했고, 미국에 다녀온 후 일주일 동안 연구실에서 밤을 새우다시피 지냈다. 학위논문을 위해 달리고 있을 때 날아온 학회의 소논문 수정 요청 메일은 곤욕 아니 공포 그 자체였다.

　현재 연구실에 남아 있는 1인용 에어 침대는 나의 유산이다. '이게 가능할까?'라는 의구심, '난 왜 이렇게 살까?'라는 후회 속 무아지경으로 달렸고 결국 저글링, 럴커, 울트라리스크 러시에서 벗어날 수 있었다. 학위논문 발표를 무사히 마치고 내 뒤를 바짝 쫓은 패닉 몬스터들의 그늘에서 벗어난 순간 여러 줄기의 빛이 나를 동시에 비추는데, 그 평온함은 말로 표현할 수 없었다. 덕분에 인생에서 손에 꼽을 만한 개운함과 행복감을 느꼈다. 물론 출산한 지 2개월밖에 안 된 아내의 미움을 덜어내야 하는 패닉 몬스터를 곧바로 마주하긴 했다.

　이렇게 닥치고 나서야 달리는 나의 성향은 연구실에 있는 많은 동료들에게 위안과 힘을 선사했다. L군은 나에게 전화해서 "형 어디까지 했어요?"라고 자주 물었는데, 자신이 결코 느리지 않음을 확인하는 듯했다. 그리고 학위논문 발표 시즌이 된 지금 후배 연구실원들에게 비슷한 질문을 많이 받는다. "작년 이맘때 어느 상황이었어요?", "어디까지 한 상태였어요?", "이 정도 진행했는데 괜찮은 것 맞지?" 내 과거의 상황과 비교를 통해 자기 자신들의 패닉 몬스터를 막을 수 있는 자신감을 얻어갔다. 그렇게 난 연구실에서 몇 없는 'P'들의 희망이 되었다. 혹시 대학원을 생각하시는 독자가 계시다면, 패닉 몬스터를 모두 겪는 것은 아니니까 오해는 없으시길 바란다. 나와 같은 엄청난 늦장쟁이에 해당한다. 원고를 쓰는 지금도 여전히 패닉 몬스터를 마주하고 있는 나마저 무사히 졸업했다는 사실을 참고하시길.

찐경력

 '스포츠 교육학 연구' 강의를 들을 때였다. 현직교사 교육에 대한 주제로 강의가 진행되고 있었는데, 교수님께서 재직 중에 있는 교사 수강생들에게 질문을 하였다. "이근원 선생님은 교사 실경력이 얼마나 되죠?" 교사가 된 지 9년 차였지만, 파견 기간은 제해야 되겠지라고 생각하며 약산의 생각을 거친 뒤 대답하였다. "8년입니다." 옆에 있는 동료 교사에게도 같은 질문을 하셨다. "K선생님은 실경력이 어떻게 되나요?" 동료 교사는 바로 대답을 하였다. "저는 5년 되었습니다." 그렇게 여러 교사의 경력을 물은 뒤 강의실 안에서 가장 실경력이 많은 교사와 비교적 적은 교사의 경력을 두고 수강생들에게 질문하였다. "여기 강의실처럼 실제 교육경력이 많게는 12년 된 교사와 5년 된 교사가 있다면 누가 더 실력 있는 교사라고 할 수 있을까요?" 교직 현장에서도 실제 교육경력을 어느 정도 실력으로 인정하는 분위기이기도 하고 일반적으로 경험이 많은 고경력 교사가 실력이 높을 확률이 크다고 생각했지만 선뜻 대답하지 못했다.
 내가 이 강의실에 있는 저경력 교사보다 실력이 뛰어나다고 확신할 수 없기 때문이었다. 모두 대답을 주저하는 가운데 교수님께서는 반응을 예상했다는 듯이 말씀을 이어나갔다. "실경력이 12년이더라도 1년의 경력을 12번 반복하는 1년 치 교사가 있는 반면, 실경력이 5년이더라도 매년 새로운 도전과 성찰로 경험을 확장하는 10년 치 교사가 있습니다. 이런 경우 실경력이 5년인 선생님의 실력이 더 있겠죠. 이러한 관점에서 다시 한번 묻겠습니다. 당신의 실(찐)경력은 얼마인가요?"

그렇게 치면 나의 찐경력은 8년이라고 할 수 없다. 4년은 될까도 모르겠다. 새로운 수업을 해봐야지 하고 마음 먹었지만, 막상 새 학년 교육과정을 익숙한 수업 위주로 편성하던 내 모습이 스쳐 지나간다. 교직 첫해 농구 스포츠클럽 운영이나 최근 스포츠클럽 운영을 비교했을 때 내용, 방법 측면에서도 딱히 변한 것이 없어 보인다. 물론 수업 진행이 부드러워지고 학생을 대하고 지도하는 노하우는 점차 쌓였지만, 8년이라는 기회비용을 생각했을 때 이는 어느 교사에게나 자연스럽게 나타나는 정도일 것이다. 반면 나보다 경력이 적지만 적극적으로 다양한 경험을 하면서 연수를 진행하거나 학습 공동체를 운영하는 후배 교사들도 많지 않은가? 그들이 교직 생활 안에서 어느 정도 발휘할 수 있는 자율성을 자신의 발전을 위해 썼다면 나는 나의 안위를 위해 쓰지 않았나 싶었다. 그렇게 나의 경력 시계는 천천히 돌아가고 있었던 것이었다.

교수님께서 교사 수강생들에게 또 다른 질문을 하셨다. "선생님께서는 언제 교사가 되었다고 생각하시나요?" 조금의 침묵 끝에 동료 교사가 대답했다. "제가 임용고시를 합격하고 첫 학교를 발령받은 때인 것 같습니다." 교수님께서 특별한 반응이 없자 또 다른 교사가 대답했다. "최초는 교생실습을 나갔을 때 학생 앞에서 처음으로 교사가 되었다고 생각합니다." 또 다른 의견이 없냐는 질문에 어떤 교사는 그래도 어느 정도 경력이 쌓인 1정 정교사 자격을 얻은 시점을 언급했다. 그러자 교수님께서 답하였다.

"선생님들께서 대답한 교사는 사회에서 인정하는 자격에 초점을 맞춘 것이에요. 하지만 교사라는 직무는 교사로서의 경험이나 역량을 향상시키고, 학생들과의 상호작용에서 배우고 성장하는 과정을 포함하고 있지요. 그렇기 때문에 특정 시점에 교사가 되었다기보다 과거, 현재 미래에도 교사가 되어가는 과정이라고 생각해야 합니다. 교사는 되는 것(Being)이 아닌 되어가는 것(Becoming)입니다."

교수님의 이러한 질문들은 그날 강의 주제인 교사의 지속적인 전문성 개발(Continuing Professional Development : CPD)을 설명하기 위한 하나의 빌드업이었지만 나는 원투 펀치를 얻어맞은 듯했다. 내가 교사라는 자격 위에서 얼마나 오만했는지 성찰할 수 있었으며 아울러 교사라는 직업이 얼마나 매력이 있는지 느낄 수 있는 순간이었다. 과연 나는 어떤 교사가 되어가는 중일까? 그 과정에서 나는 무엇에 주의를 기울이고 있을까? 나의 찐경력은 얼마나 될까? 나는 어떤 교사가 되고 싶은 것일까?

장인과 거장

대학원을 다니면서 참 많은 한 장 글쓰기 과제를 했었다. 그리고 그 과제는 수강생들에게 공유되었고 교수님께서는 서로의 글을 읽게 하였다. 글을 쓰면서 특정 주제에 대해 많이 고찰해보고 나의 생각을 정립하는 과정도 도움이 되었지만, 다른 수강생의 글을 보고 새로운 아이디어를 얻거나 사고를 확장할 수 있었던 것도 배움의 큰 역할을 차지했다. 그 중 H 동료교사가 썼던 흥미로운 한 장 글쓰기가 생각난다. 에릭슨과 풀의《1만 시간 법칙의 재발견》[2]을 읽고 쓴 한 장 글쓰기였는데 이 글은 나에게 질문을 던졌고 많은 생각을 하게 했다. 내용을 요약하면 다음과 같다.

1만 시간의 법칙은 말콤 글래드웰의《아웃라이어》에서 쓰인 용어로, 어떤 분야의 전문가가 되기 위해서는 최소한 1만 시간의 훈련이 필요하다는 법칙이다. 이때, 1만 시간은 매일 3시간씩 훈련하면 대략 10년이 걸린다. H 교사는 자신의 체육 전문성 함양을 위해 노력한 시간을 실제 계산하며 그 수치와 자신의 전문성을 비교하였다. 교직 13년 차인 그는 대학교에서 예비교사 교육 시간과 교직 현장에서 수업 시간, 그 외 연수 기간과 임용고시 준비 기간을 합쳐 산술적으로 20,066시간이라는 결과를 도출하였고, 자신을 전문가라고 할 수 있는지 반문하며 성찰하는 글이었다.

흥미로운 이 글을 읽으면서 내 상황에서도 적용해보고 조금 더 구체화하고 싶

---

2) Ericsson, K. A., & Pool, R. (2016). Peak : secrets from the new science of expertise. Mariner Books. 강혜정 역 (2016). 1만 시간의 재발견 : 노력은 왜 우리를 배신하는가. 비지니스북스.

었다. 우선 체육교사 전문성의 범위가 포괄적이고 모호하기 때문에 수업에 한정시켜보고 싶었다. '나는 체육수업 전문가인가?'라는 질문을 던졌고 수업 시간 외 노력을 제외하여 보수적으로 실제 총 수업 진행 시간만을 계산해 보았다.

  1년 수업일수 190일에 하루 평균 수업 시수인 3.5를 곱하고 나의 경력인 9년을 대입하였을 때 대략 6000시간이 나왔다. 그리고 이 기준으로 계산했을 때 대부분의 교사가 자연스럽게 경력 15년 전후로 수업 1만 시간을 달성하게 된다는 것을 확인할 수 있었다. '언제 내가 6000시간 넘게 수업을 했지'라는 사실도 놀라웠지만 '과연 내가 그에 합당한 수업 전문성을 갖추고 있는가' 했을 때 6000시간이란 숫자에 작아졌다. 그리고 '과연 나는 5년 뒤 나 자신을 수업 전문가라고 자신할 수 있을까?'라는 의문도 들었다. 앞서 말했듯이 가장 보수적으로 잡은 시간이다. 실제 수업하는 시간뿐만 아니라 개인적으로 투자한 시간을 합한다면 그 시기는 더욱 일찍 다가올 것이다. 그리고 개인적으로 '15년 경력의 모든 교사가 수업 전문가의 모습을 보이는가?' 물었을 때 그렇지 않은 경험도 여럿 존재한다.

  그렇다면 무엇이 문제일까? 가장 간단한 대답은 투입한 시간 대비 '노력을 하지 않았다'일 것이다. 그러나 단순히 노력을 하지 않았다기에는 명확하지 않다. 노력을 했는데도 불구하고 여전히 수업이 어렵고 자신이 없는 교사는 존재한다. 나 또한 그랬다. 내가 진짜 묻고 싶은 질문은 정확히 '수업 전문가가 되기 위한 1만 시간의 노력은 구체적으로 어떤 모습이어야 할까?'이다. 운이 좋게도 학위논문 이론적 배경을 위해 전문성에 대한 연구를 살펴보던 중 어떠한 노력을 어떻게 해야 하는지 약간의 개인적 통찰을 얻을 수 있었다. 이런 나의 생각을 공유해보려고 한다.

  전문성에 대한 여러 논문을 살펴보면서 전문가에는 두 가지 유형의 전문가가 있다는 것을 확인할 수 있었다. 원래 전문성 연구는 전문가와 초보자 특징과 성과의 차이를 밝혀내는 데 주목하였지만, 그 과정에서 전문가들 사이에서도 나타나는 특징에 차이가 있다는 것을 발견된 것이다. 어떠한 전문가는 그들의 전문성이 향상됨에 따라 정확성과 효율성을 획득하였지만 새롭고 예외적인 상황에서는 유연성이 감소하는 트레이드 오프 현상을 보인 반면, 어떠한 전문가는 기존의 효율성을 넘어 새로운 상황에서도 자신의 역량을 유연하고 창의적으로 활용하며 혁신적으로 문제를 해결하는 모습을 보였다. Hatano & Inagaki(1986)는 이 차이를 반복적 전문성(Routine expertise)과 적응적 전문성(Adaptive expertise)으로 구분하여 설명하였다.[3] 반복적 전문성은 반복적이고 일상적인 상황에서 문제를 자동적, 효율적으로 해결하는 능력이라면 적응적 전문성은 비일상적이고 새로운 예외적 상황에서도 자신의 분야 내에서 유연하고, 창의적이며, 혁신적인 역량을 활용하는 능력이다. 비유컨대 전자가 고정된 환경에서 뛰어난 기술과 능력으로 완벽한 제품을 효율적으로 만들어 내는 장인(Craftsman)이라면, 후자는 자신의 분야에서 창조적이고 혁신적인 작품을 만들어 내며 그 분야의 발전에 큰 영향을 미치는 거장(Maestro)이라 할 수 있다. 그렇다면 수업 전문가는 장인의 영역일까? 거장의 영역일까? 교사에게 더욱 필요한 것은 반복적 전문성일까? 적응적 전문성일까?

답부터 말하자면 적응적 전문성이다. 우선 수업은 고정된 환경이 아니다. 수업 현장은 본성적으로 예측 불가능한 속성을 지니고 있다. 크게는 학교 수업 환경의 변화, 작게는 학생의 다양한 변화와 반응에 맞추어 적응해야 할 뿐만 아니라, 미세먼지나 날씨와 같은 환경 변화에도 능동적으로 대처해야 한다. 새롭고 예외적인 상황은 수업 안에 항시 도사리고 있다. 내 수업을 생각했을 때 역시 나의 수업 기술을 완벽하게 구현한 경우는 거의 없다. 같은 목표를 가지고 동일한 내용을 진행하더라도 매시간 수업이 다르고 효과도 달랐다. 개인적 사회적 책임감 수업 모형으로 유명한 체육교육 연구자인 헬리슨(Hellison)은 수업이 기술적 차원이라기보다 예술적 차원임을 설명하였고 교사의 개인적 특성과 스타일, 직관력과 성찰 능력을 강조하였다.[4]

생각보다 수업에서 더욱 필요한 것은 교사의 반복되고 숙달된 기술이라기보다 그때그때 학생들의 성장을 유도하는 예술적이고 창의적인 통찰력이다. 사실 이러한 의견에 많은 체육교사들이 불편함을 느낄 수 있다. 전문성 개발에 있어서

---

[3] Hatano, G., & Inagaki, K. (1986). Two courses of expertise. In H. Stevenson, H. Assume, & K. Hakuta (Eds.), Child development and education in Japan (pp. 262-272). WH Freeman.

신체 수행 능력이나 이를 지도할 수 있는 기술 습득에 중점을 맞추는 경우가 많았기 때문이다. 하지만 이는 오히려 교직의 탈전문화를 초래할 수 있다고 생각한다. 숙달된 기술이나 능력이 전부라면 교사가 아닌 각 영역의 스페셜리스트들이 가르치는 게 더 합리적이지 않은가? 학생들의 성장을 이끄는 우리만의 그 무언가를 개척하는 것이 교사의 전문성인 것이다.

게다가 사회에서 요구하는 교사의 역할과 교육과정은 지속적으로 변화하고 있다. 체육교육의 주요 목표가 전인교육을 비롯하여, 건강체력증진, 인성 함양, 폭력 예방, 스포츠문화 향유, 디지털 리터러시, 생태교육까지 사회의 선을 위한 주요한 수단과 방법으로 그 영역이 지속적으로 확장되고 있다. 반복적이고 고정된 수행능력을 견고히 하기보다 혁신적으로 자신의 영역을 확장해 나갈 필요가 외적으로도 생긴 것이다. 수업 전문가가 되기 위한 노력은 장인이 되기 위한 노력이라기보다 거장이 되기 위한 노력이라 할 수 있다.

그렇다면 어떻게 수업의 거장이 될 수 있을까? 어떠한 노력으로 수업의 예술적 측면을 개발할 수 있을까? 나는 질적 연구를 진행하면서 전문성이 있는 교사로 인정받는 다수의 유명한 체육교사들을 인터뷰할 수 있었다. 앞서 언급했던 이론적 내용과 그들의 답변을 종합하여 수업의 거장이 되기 위한 노력을 구체화하였다. 그 노력은 '새로운 것에 대한 관심', '빠른 시행착오', '자기 평가 및 성찰'로 이루어졌다. 먼저 자신에게 익숙하지 않은 새로운 것에 대해 관심을 가졌다.

새로운 것은 가르치는 내용이나 종목이 되기도 했으며 새로운 평가 방법이나 교수학습 방법이기도 했다. 다른 체육교사의 아이디어나 해외의 체육수업을 탐색하기도 하고, 체육과 연결될 가능성이 있는 새로운 소재(디지털 게임, 전통놀이, 스포츠 외 문화)에 대해서도 고민하였다. 자신이 기존에 하던 것에서 벗어나 새로운 것에 관심을 가지려는 것이 노력의 출발점이었다. 다음 이러한 관심을 현장에 빠르게 적용하려고 노력하며 시행착오를 겪었다. 새로운 연수를 받거나 좋은 아이디어를 얻었음에도 현장에 적용하지 않는 것은 단순히 전문성 개발 활동

---

4) Hellison, D. R., & Templin, T. J. (1991). A reflective approach to teaching physical education. Human Kinetics Books.

이 '창고형 마켓' 구축에서 그치는 것이다. 자신의 수업을 완벽히 그려내고 예측할 수 있을 때 비로소 적용하려고 하지만 예측 불가능한 수업 본연의 속성상 그런 순간은 쉽게 오지 않는다. 오히려 그들에게는 미완성된 수업을 빠르게 적용해가며 성찰과 노하우를 적립해가는 것이 완벽한 수업의 지름길이 될 수 있었다.

마지막으로는 자기 평가와 성찰의 과정을 거쳤다. 시행착오에서만 그치면 그 수업을 들은 학생들은 실험 대상자만 되는 꼴이다. 그들은 더 나은 수업을 위해 계속된 성찰의 과정을 거쳤고 결국 학생들의 성취결과를 더 높게 이끌어낼 수 있었다.

종합하면 교사에겐 기존에 하던 것을 반복하며 완전히 숙달하려는 노력보다 새로운 것을 탐색하고 적용해보며 성찰하는 노력이 더욱 중요하다. 수업이란 것이 단순히 같은 제품을 완벽하게 양산해내는 유형의 일이라기보다는 역동적인 환경 속에서 개인의 직관과 영감으로 하나의 작품을 만들어 내는 유형의 일이기 때문이다. 그렇게 새로운 작품을 만들어 내는 과정에서 자신만의 에피소드나 레퍼토리가 쌓이게 되며 자신의 스타일이 형성된다. 하던 것만 해서는 다양한 에피소드나 레퍼토리가 쌓일 수 없다.

사실 머릿속으로 이러한 통찰을 해봤지만 현장에서 새로운 시행착오를 하는 것이 쉽지 않은 일이란 것을 누구보다 잘 안다. 별 탈 없이 진행하던 수업에 새로운 것을 적용하는 것은 매우 부담스러운 일이다. 게다가 수많은 학교 업무, 동료 교사와의 의견대립, 폐쇄적인 학교문화 등 여러 요인들이 이러한 의지를 꺾어 버리곤 했다. 그렇다 할지라도 R=VD(Realization = Vivid Dream)이지 않는가? 생각하는 만큼 끌어당김의 법칙이 작용하듯, 전문성 개발을 위한 노력 방식을 어느 정도 인식하고 구체적으로 다짐해보는 것은 중요하다고 생각한다.

인터뷰를 진행했던 충청남도에서 근무하고 있는 S 체육교사의 인상 깊었던 대화가 기억난다. "제 신념이자 목표인데, 한 학기에 한 가지 새로운 수업을 하자, 내가 이때까지 해보지 않았던 수업을 하나는 꼭 하자였어요." 실제 S 교사는 13년 동안 이를 실천하려고 노력하였고 현재는 충청남도에서 체육수업 학습 공동체를 운영하며 동료 교사들에게 큰 영향력을 미치고 있다. 그래서 복직을 앞둔 나 역시 실천 가능한 새로운 목표를 설정하였다. 솔직히 S 선생님과 같이 매 학기마다는 자신이 없다. 대신 '최소 1년에 새로운 종목 1개, 새로운 교수학습 및 평가 적용 1개'가 목표다. 복직하게 되면 매년 새로운 종목을 교육과정에 편성할 것이고 같은 종목을 진행한다면 다른 방식을 적용할 것이다. 그렇게 된다면 1만 수업 시간을 달성한 내 모습이 조금이라도 거장의 모습을 하고 있지 않을까? 나만의 예술적 영역을 구축할 수 있기를 희망해본다.

내 생에 가장 길었던 60분

　대학원을 다니면서 '영어를 잘했으면 좋겠다'라고 생각한 적이 한두 번이 아니다. 영어로 진행되는 강의도 있었고, 해외 교수 초청 강연도 빈번히 있었는데 유창하게 영어로 질문을 하는 동료 연구자를 보면 멋있어 보였다. 영문으로 된 논문을 읽어야 하는 과제도 많았고 심지어 영어로 해야 하는 발표 과제도 있었다. 괜히 최소 영어 성적 기준이 마련된 것이 아니었다. 문턱을 살짝 넘은 성적으로는 영어 관련 과제가 버겁게 느껴졌다. '영어 공부 좀 많이 해둘 걸…' 그래도 어찌저찌 해낼 수 있었던 것은 파파고 형님과 Chat-GPT 누님 덕분이었다.
　그러나 2023년 3월 든든했던 형님과 누님에게 마냥 기댈 수 없는 상황에 놓이게 되었다. 실제 미국 시애틀에 가서 포스터 발표를 하게 된 것이다. '석사 과정 중 해외 학회는 매우 소중한 경험이 되지 않을까?' 하고 일단 무턱대고 주사위를 던져봤는데 운이 좋은 건지 아닌 건지 내 포스터가 선정돼 버린 것이다. 비루한 영어 실력이지만 외국 연구자가 내 포스터를 보고 질문하면 난 그에 대한 답변을 내놔야 했다. 그렇다고 동시 번역기를 틀어놓고 진행할 수도 없는 노릇이지 않은가. 해외 학회에 대한 설렘과 포스터 발표의 두려움 사이 어딘가에서 내 포스터 선정 소식은 기쁘지도 안 기쁘지도 않았다. 나에게 주어진 포스터 발표 시간은 60분, 딱 1시간이었다. '그래 어떻게든 버텨보자!' 그렇게 나는 포스터 발표 전날 시애틀의 잠 못 이룬 밤을 경험했고 동시에 억겁 같은 60분을 견뎌야 했다. 아직도 그때가 생생하다.
　행사 당일 내 포스터 위치를 확인했다. 사람들의 이동 동선이 겹치는 개활지의

가운데, 즉 눈에 띄는 곳이었다. '하하하하...', 손에는 둘둘 말아 놓은 A4용지 여러 장을 보물마냥 꽉 쥐고 있었다. 예상 질문과 답변을 타이핑 해 놓은 비상 대본이다.

    내 포스터를 통해 나올 수 있는 질문을 최대한 예측해서 답변을 정리해 놓았다. 포스터 발표 행사가 시작하자 사람들이 모이기 시작했다. 안 그래도 영어 울렁증이 있는데 진짜 매우 떨렸다. 백팩을 멘 키가 큰 백인 남성이 내게 다가와서 첫 질문을 했다. '흥미로워 보이는데, 어떠한 연구였는지 설명해줘'라는 질문이었다. 완전 예상 밖이었다. 아니 포스터가 떡하니 붙여져 있는데 읽어보면 되지 않는가? 한국에서는 일단 읽어보고 궁금한 것을 구체적으로 질문하는데 무턱대고 전반적으로 설명해달라고 하다니. 구체적인 질문과 답변만을 준비한 나는 당황했다. 포스터를 거의 읽어 주다시피 횡설수설 설명하고 있었는데 지도 교수님께서 'I'm this student's advisor'라며 다가오셨다. 멀리서 보기에 시작부터 고군분투하고 있는 내가 안타까우셨던 것 같다.

    교수님께서 일목요연하게 연구에 대해 설명하셨고 학위논문으로 발전시키는 과정의 연구라며 나를 대변해주셨다. 포스터 시작 전에 분명 '나는 모른 척 할거다'라고 하셨는데 츤데레 교수님. 그런데 다시 자리를 뜨시고는 한동안 돌아오시지 않았다. 두 번째 질문은 금발의 젊은 여자분이 했다. 어떤 연구이고 왜 이런 연구를 진행했는지에 관한 질문이었다. 그때 비로소 알았다. '포스터가 붙여져 있어도 연구에 대한 관심을 보여주며 큼직한 질문을 하는 구나.' 나의 짧은 영어를 눈치챘는지 추가적인 질문은 하지 않고 좋다고 칭찬하며 넘어갔다.

식은땀이 피부로 느껴질 때쯤 텍사스 대학의 중국인 교수가 나에게 다가와 질문을 했다. 연구 참여자 선정에 관한 질문 같은데 도통 무슨 말인지 이해할 수 없었다. 그래도 그 교수님께서는 끝까지 질문을 이해시키려고 이렇게 저렇게 설명하였고, 나보다 영어를 잘하는 동료 교사를 동원해 결국 소통이 되어 답변할 수 있었다. 답답했을 텐데 영어를 못해도 어떻게든 이해시키려는 교수님의 배려가 느껴졌다. 고작 20분밖에 지나지 않았음을 인식했을 때 두 남자 동양인이 나에게 다가왔다. '한국 분이세요?'라며 말을 건네는데 얼마나 반갑던지, 덴버와 애리조나에 있는 대학의 한국인 교수님들이셨다. 한국어로 질문을 하시는데 50kg의 군장을 갑자기 벗은 느낌이랄까. 나는 질문에 대해 휘황찬란하게 대답하였다. 나의 눈빛이 통했는지 다행히 추가 질문도 많이 해주셨다. 그렇게 15분을 벌었다.

이후에도 몇 분에게 더 질문을 받고 어찌저찌 답하다 보니 끝나지 않을 것 같던 시간도 다가왔다. 포스터 세션이 끝나자마자 누구보다 빠르게 포스터를 떼고 싶었으나 남길 건 남겨야 했다. 하나, 둘, 김치! 지친 기색이 역력하지만 한편으로는 해방감을 만끽하고 뿌듯해하는 표정이다. 이번 미션을 무사히 끝낼 수 있었던 것은 파파고 형님과 Chat-GPT 누님 덕분이 아니었다. 나에게 질문해주신 분들의 젠틀함과 배려심에 감사할 따름이다.

미국체육 한국체육

　파견 이전에 미국은 신혼여행 경유를 위해 LA 공항에 잠시 머물러본 것이 전부였다. 제대로 미국 땅을 밟아 본 것은 SHAPE America 컨퍼런스에 참석하게 되면서였다. SHAPE America는 'Society of Health And Physical Education'의 약자로 미국의 체육 교육전문가를 위한 협회이다.

　이 협회에서는 매년 미국 전국 규모의 컨벤션을 개최하여 국제 체육교육 전문가들의 이론적 실천적 교류의 장을 마련한다. 학회 세션, 엑스포, 만남의 장 등 우리나라의 학교체육진흥회에서 주최하는 '대한민국 학교체육 축전'이 SHAPE America 컨벤션을 모티브로 했다고 들었다. 2023년에는 시애틀에서 개최되었는데, 운이 좋게 연구 포스터 발표자 자격으로 참석할 수 있는 기회가 생겼다. 일주일 정도 되는 짧은 기간이었지만 미국의 체육교육에 대해 많은 것을 보고 느낄 수 있었다. 자연스레 우리나라의 체육교육과 비교하게 되었는데, 표면적이고 직관적 느낌부터 분석과 고찰까지 담은 지극히 개인적인 소감을 전하고자 한다.

　가장 먼저 피부로 느껴졌던 것은 전국에서 모인 미국 체육교사들 중 많은 사람들이 백인 남성이었다는 것이다. 물론 다른 인종의 체육교사나 여성 체육교사도 있었지만, 평소 미국을 다문화 색채가 강한 국가로 인식했던 나에게 백인 남성 체육교사의 비중은 생각보다 크게 다가왔다. 10의 7은 되는 것 같았다. 이유는 특별히 모르겠다. 그러나 불평등을 극복하고자 하는 '사회정의 교수법', '비판적 교수법'과 같은 최근 체육교육의 기조를 이해할 수 있었다. 미국이라도 '자칫 지배적인 백인 남성 중심 문화가 강화될 수도 있겠구나'라는 생각이 들었다.

또 눈에 띄었던 점은 행사 내 체육교사들 간 활발하게 소통을 할 수 있는 세션이 많다는 점이다. 거의 발표식, 강의식으로 이루어졌던 대한민국 학교체육 축전과 다르게 현장에서 모둠을 구성해 서로의 사례를 공유하거나 토론을 진행하는 세션이 많았다. 가운데에는 발제하고 토론을 촉진하는 진행자만 있을 뿐 참석자들에 의해 진행되는 방식이었다. 그런 세션이 있더라도 참석자들이 많지 않을 수 있는데, 한 곳에 직접 참석했더니 사람들이 북적북적하고 착석할 자리가 없어 일어서있는 사람도 많았다. 부여된 시간이 초과되어 어쩔 수 없이 진행자가 마무리를 해야하는 상황이 되기까지 각지에서 모인 체육교사들은 모둠을 이루어 활발하게 의견을 공유하고 석극적으로 발표하였다. 자신감 있게 자기 자신을 드러내고 적극적으로 소통하는 문화가 확실히 달랐다. 그 세션에서 토론이 진행됨에 따라 어느 순간 체육수업 시간 내 학생의 핸드폰 사용에 관한 주제로 꽤 많은 의견이 교환되었는데 흥미로웠다. '아 어느 학교에서나 핸드폰 문제는 만국 공통 골칫거리구나.'

하루는 직접 체육교육 관련 교구나 활동 등을 관람하고 체험할 수 있는 세션에 참여했다. 그 중 철봉 운동을 체험하는 부스가 있었는데 턱걸이 이벤트가 진행 중이었다. 어떻게 그냥 지나칠 수 있겠는가, 물 만난 물고기마냥 동료 교사와 함께 참여해 1등을 하였다. 한 미국의 여자 체육교사가 다가오더니 자신이 넷플릭스에서 피지컬 100을 재미있게 봤다면서 한국 체육교사들도 운동을 이렇게 잘 하냐고 물었다. 괜히 어깨가 으쓱해서 다들 잘한다고 대답했다. 한국에서 체육교사가 되려면 전반적인 운동 능력 평가도 거쳐야 한다고 대답했더니 놀라는 반응이었다. 미국에서는 체육교사자격을 받기 위한 공식적인 실기 시험이 없다는 것이다. 나중에 한국 유학생과의 대화를 통해 들었는데 미국은 한국에 비해 체육교사의 직업적 선호도가 낮아 경쟁이 치열하지 않다고 들었다.

체육교육관련 학부도 없어지는 추세라고 했다. 한국에서는 체육교육에대한 관심과 중요성이 갈수록 강조되고 있기 때문에 한국 체육교사로서 자부심이 들기도 했지만 최고의 선진국인 미국에서 체육교육에 대한 관심이 점차 줄어들고 있다는 사실은 안타까운 부분이기도 했다.

거의 모든 부스를 관람하고 체험했는데 스포츠보다는 피트니스 관련 콘텐츠가 많았고, 스포츠에서도 피클볼 같은 뉴스포츠나 놀이형 신체활동에 초점을 맞춘 콘텐츠들이 많았다. 전통적 스포츠와 관련된 부스는 거의 없었다. 스포츠 하면 미국이고 미국 하면 스포츠인데, 신기한 부분이었다. 이러한 이유를 미국에서 유학 중인 체육교사 동기를 만나 자세히 들을 수 있게 되었다.

미국체육의 방향이나 컨셉에서 스포츠가 차지하는 비중이 매우 낮다는 것이다. 미국의 체육수업에서는 학생들의 건강과 신체 활동량에 초점을 맞추고 이를 증진할 수 있는 프로그램을 운영하는 것을 강조한다고 했다. 좌식 생활로 인한 학생의 부족한 신체활동과 비만 문제가 가장 큰 이슈인 만큼 체육수업을 통해 이를 해결하려고 하는데, 전통적인 스포츠보다 과학적으로 접근한 신체활동 프로그램이 더욱 적합하다는 것이다. 전통적 스포츠는 오히려 모든 학생들이 신체활동에 참여하는 데 부정적인 영향을 미칠 수 있고, 미국에서는 방과후나 클럽 활동을 통해 언제든 할 수 있는 환경이기 때문에 전통적 스포츠가 체육수업 안에서 지양된다고 하였다. 우리나라에서는 스포츠가 체육수업의 주 내용인데, 그 친구도 유학 초기 가치관의 혼란이 왔다고 했다.

과학적인 프로그램을 통해 신체 활동량을 늘리고 개인들의 신체 소양을 늘려 건강한 삶을 살 수 있게 한다는 것, 철봉 운동을 교육과정으로 운영해 본 경험이 있는 나로서는 이 목표의 중요성에 매우 동의한다. 그러나 석사과정 중 배움의 영향인지 이에 대한 비판적 관점 역시 형성되었다. '체육교육을 건강을 위한 수단으로 과학적인 방법에만 초점을 맞추는 것은 체육교육의 가치와 체육교육연구의 범위를 줄이는 것이 아닐까?' 설령 미래에 인간의 대사율을 높여주는 신약이 개발되어 건강을 증진할 수 있다면 체육교육은 굳이 필요하지 않을 것인가 했을 때 그렇지 않기 때문이다. 스포츠나 체육이 지니고 있는 교육적 가치에는 건강뿐 아니라 사회성이나 인성 함양에도 있고 스포츠라는 인간 문화 전수 그 자체에도 있다.

어느 것이 맞는 방향일까? 미국의 체육교사가 신체 소양을 갖춘 학생을 양성하는 전문적 트레이너에 가깝다면 한국의 체육교사는 학생들이 스포츠를 좋아하고 사랑하게끔 하는 스포츠 문화 전수자에 가까운 것 같다. 체육교육의 발전 방향을 신체 활동량과 건강에 더욱 초점화할 것인가 아니면 스포츠의 사회적 문화적 가치로 확장할 것인가 문제인 듯하다. 아직 해답을 내리기에는 경험이 부족하다. 신체 활동량과 건강을 증진시킬 수 있는 프로그램도 운영해보고 스포츠 문화를 다양하게 전수하면서 내가 피부로 느껴볼 수밖에.

사막의 오아시스

　한창 현장에서 근무할 때 무언가 나를 위해 공부하는 것은 매우 즐거운 일이라고 생각했다. 지금 이 시점에서도 지나고 보니 공부가 재미있었다는 착각이 점차 스며든다. 멀리서 봤을 때 공부는 재미있다. 그러나 공부는 가까이서 보면 고통의 과정이다. 특히나 대학원 공부는 익숙하지 않은 공부였다. 대학원 이전의 공부가 지식이나 기술의 '습득'에 초점이 맞춰진 공부였다면, 대학원 공부는 참여와 내면화를 통해 나름의 지식을 '창조'하는 유형의 공부였다. 다독(多讀)과 다양한 경험을 통한 엄청난 사색을 요구하는데 머리를 쥐어짜는 듯한 고통을 견뎌야 했다. 공부는 사막과 같다고 비유할 수 있을까? 직접 사막에 있지 않은 이상 사막은 아름답게 느껴진다. 황금빛 모래 언덕은 파도에 일렁이듯 펼쳐져 있고 밤하늘을 수놓은 별들은 보석처럼 빛이 난다. 그러나 사막 한가운데 있다면 뜨거운 태양 아래 끝없는 갈증과 외로움을 이겨내야 하고, 밤이 되면 극한의 두려움을 견뎌야 한다. 지나친 비유일 수도 있겠지만 지식의 광활함 속에 겸허해진 나를 발견할 수 있다.

　다행히 대학원에는 공부라는 고통의 과정을 극복할 수 있게 하는 특별한 오아시스가 존재했다. 체육교사인 나에게 특히나 그랬다. 바로 체육대회였다. 오랜만에 다른 학생들과 땀을 흘리며 경쟁하고 카타르시스를 경험했는데 이는 대학원 생활의 큰 활력소였다. 사막의 오아시스라기엔 사실 대학원생들을 위한 체육대회가 많이 개최된다. 나는 거의 모든 대회에 참가했다. 서울대학교에서는 전체 학생과 교직원을 대상으로 매년 봄 '총장배 구기 대회'가 열리고, 매년 가을에는

'종합체육대회'가 열린다. 마라톤, 수영, 농구, 야구, 배구, 축구, 탁구, 테니스, 배드민턴 등 매우 다양한 종목이 열리기 때문에 여러 종목에 참여한다면 잠시 대학원생의 본분을 잊고 스포츠인으로 거듭날 수 있다. 또한, 서울대학교 체육교육과 대학원 원우회에서 개최하는 '체육교육과 대학원 체육대회'도 매년 개최한다. 이는 체육교육과 15개의 연구실 간 체육대회라고 할 수 있다. 연구실의 명예를 걸고 단합하며 인접한 타 전공 학생들과도 교류할 수 있는 좋은 기회이다.

나 같은 경우는 총장배 농구 대회 우승, 3x3 길거리 농구 준우승, 총장배 스포츠 피구 대회 준우승, 대학원생 팔씨름 대회 준우승, 원우회 체육대회 종합 준우승을 거두었다. 연구 필드에서의 초라한 경력과는 다르게 체육관과 운동장에서는 화려한 경력을 자랑하고 있다. 30대 중반이 된 내가 언제 이렇게 다양한 체육대회에 참가해서 학생들과 땀을 흘리고 경쟁할 수 있겠는가? 당시에는 대학원 생활의 큰 활력소, 지금은 파견 생활 중 소중한 추억이다.

10여 년 가까이 체육대회 운영자였던 내가 대학원을 다니게 되면서 여러 체육대회의 참가자가 되었다. 피구 대회를 진행해 본 적은 있었어도 직접 스포츠 피구 대회에 참여한 적은 처음이었는데 그렇게 박진감 넘치고 재미있을 수가 없었다. 원우회 체육대회 전날은 설레 잠도 설쳤다. 두 눈은 꿈뻑꿈뻑, 집 천장은 이미지 트레이닝을 위한 전략 코트가 되었고 머릿속은 활약상으로 가득 찼다. 그랬다. 30대 중반도 체육대회는 설레고 재밌는 것이었다.

중학교 2학년 학생의 담임을 맡았던 때 학생들에게 앞으로 1년 동안의 학사일정을 소개하면서 어떤 날이 가장 기대되는지 물었던 적이 있다. '수련회', 'OO제

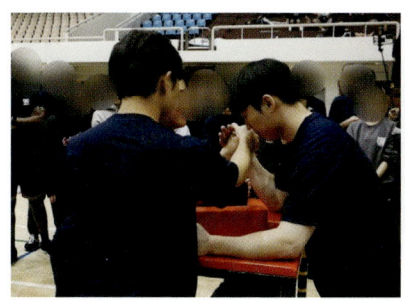 

'(학교축제)' 다양한 대답이 나왔지만 그래도 단연 많이 언급되었던 것은 바로 '체육대회'였다. 그러면서 "선생님 체육대회 종목은 뭐예요?", "저희 반티는 뭐로 할 거예요?"라고 묻는데, 벌써부터 고민하고 설레는 아이들이 귀여워 보였다. 그러나 지금은 단순히 귀엽게만 넘기지 않을 것 같다. 극 공감한다. '학교생활의 오아시스가 되어줄 체육대회, 선생님이 잘 준비해볼게!'

프로젝트

대학원 첫 학기가 끝나갈 무렵 나는 연구실에서 진행되고 있던 프로젝트에 참여하게 되었다. 어느 정도의 실무 경력도 있고 학부 때 농구를 전공했기 때문에 교수님께서 추천하신 것이었다. 이제 막 한 학기가 지난 풋내기 석사과정생이 연구실 프로젝트라니 걱정이 앞섰지만 한편으로는 방학 기간 중 좋은 경험이 되지 않을까 싶었다. 프로젝트는 여자 체육교사를 대상으로 한 강점 강화 연수 프로그램을 진행하고 그 결과를 확인하는 것이었다. 선행연구에서 여자 체육교사의 강점으로 나타난 부분을 개발하도록 돕는 연수 프로그램을 계획하고 진행해야 했다. 연수 프로그램의 소재는 참여자의 선호를 반영해 '농구'와 '한국무용'으로 결정되었는데, 내가 프로젝트 일원으로 투입된 것은 농구가 포함되었기 때문이었다.

첫 회의에 들어가기 전까지는 단순하게 생각했다. 여자 체육교사를 대상으로 농구 연수, 즉 농구를 지도하거나 농구 수업 방법을 공유하면 되는구나 했는데 그런 단순한 프로젝트가 아니었다. 대부분 연수들이 참여자의 약점을 보완하는 방향으로 진행되지만, 이 프로그램에서는 긍정 심리학을 이론적 토대로 해서 여자 체육교사의 강점을 더욱 개발할 수 있게끔 해야 한다는 것이다. 선행연구에서 여자 체육교사의 강점으로 제시된 것은 '페다고지컬 케어링(Pedagogical caring)'과 '부드러운 카리스마'였다. 간단하게 설명하면 페다고지컬 케어링은 교육적 돌봄을 의미하는데, 학생 개개인에 대한 공감과 이해를 바탕으로 정서적 지원을 하는 능력을 의미한다. 부드러운 카리스마는 어떠한 상황에서도 감정적으로 대응하기보다 차분하게 의견을 경청하고 문제를 공유하여 해결하려는 태도를 의미한다. 교사 개개인의 특성이 다르기 때문에 남자교사와 여자교사의 특징을 이분법적으로 나눌 수는 없지만 여자 체육교사에게서 이러한 강점이 더욱 짙게 나타난다는 내용이었다. 즉, 농구 기술이나 농구 수업방법을 전달하는 것이 아니라 농구 수업을 소재로 여자체육교사의 강점인 페다고지컬 케어링, 부드러운 카리스마를 더욱 개발하도록 하는 것이 이 프로젝트의 핵심이었다.

회의를 진행하면서 멘탈이 붕괴되었다. 여자 체육교사의 강점으로 제시된 저 두 개념도 너무 추상적이고 나 자체가 페다고지컬 케어링과 부드러운 카리스마가 부족한데 어떻게 연수를 진행할 수 있겠는가? 너무나도 난해했다. 그렇게 프로젝트 구성원들과 프로그램을 어떻게 계획할지 골머리를 앓고 있을 때 교수님께서는 실마리를 제공해 주었다.

학습을 바라보는 관점이 '습득 은유'와 '참여 은유'가 있는데, 우리가 너무 특징 지식을 습득하게 해야 한다는 '습득 은유'에 젖어 있다는 것이었다. 참여 그 자체가 의미 있는 학습이 될 수 있으니 '지식 전달자'라기보다 상황을 제공하는 '퍼실리테이터'로서 우리의 역할을 강조하였다. 여자 체육교사들에게 페다고지컬 케어링과 부드러운 카리스마를 가르치고 주입시키는 것이 아니라 이러한 것들이 개발될 수 있는 상황을 제공해야 하는 것이었다. 뭔가 특정 학습 결과를 이끌어야 한다는 의무감이 떨어졌다고 해야 할까? 학습 결과가 습득이 아니라 참여에 있다고 생각하니 마음이 한결 가벼워졌다.

관점을 바꾸니 매듭이 하나하나씩 풀리면서 아이디어도 다양하게 나타났다. 슬램덩크의 안감독님이 부드러운 카리스마를 발휘한 사례를 제공하면서, '농구 수업 상황 금쪽이 다루기'를 주제로 상황극을 해보는 시간을 만들었고, 농구선수 출신의 고경력 여자 체육교사와의 토크 시간을 편성하기도 했다. 자신의 농구 수업이 힘들었던 이유에 대해 허심탄회하게 이야기하고 이를 어떻게 극복할 수 있을지 아이디어를 함께 공유하는 시간도 마련하였다. 물론 레이업 슛이나 심판법 지도 시 어렵고 힘들어하는 부분을 극복할 수 있도록 팁이나 노하우를 전달하는 실기수업도 계획하였다. 소수의 여자 체육교사를 대상으로 파일럿 테스트를 거친 후 그해 여름, 전국 각지에서 온 20여명의 여자 체육교사를 대상으로 15시간

연수를 진행했다.

　솔직히 나는 연수가 진행되기까지 걱정되는 점도 많았다. 토론이나 토크, 상황극이 포함되어 있어 참여자의 적극성에 의존하는 부분이 컸기 때문이다. 아무리 퍼실리테이터들이 촉진한들 참여자들이 적극적으로 소통하지 않으면 망하는 연수였다. 그러나 이러한 우려와는 다르게 참여자들의 적극성은 다행히를 넘어 감동적이었다. 지역도 나이도 각기 다른 여자교사들이 처음 뭉쳤지만 서로 공감하고 정서적으로 지지해주며 자연스레 편하게 소통하는 분위기가 조성되었다. 아이스브레이킹부터 프로그램의 마지막 순간까지 화기애애했으며 선생님들의 참여는 매우 적극적이었다. 여자 체육교사의 강점을 또 하나 추가하자면 '자신을 솔직히 드러내고 소통하는 역량이지 않을까?' 싶었다. 여자체육교사 학습공동체가 괜히 부흥하는 것이 아니었다.

　그렇게 프로그램을 무사히 마치고 다행히도 긍정적인 설문과 평을 받았다. 비슷한 어려움을 겪고 있는 선생님들과 소통하면서 힐링이 되었고, 실기 능력이 부족해도 내 스타일을 잘 살리면 충분히 좋은 수업을 할 수 있을 것이라는 자신감을 얻었다는 것이었다. 나 역시도 참여하신 선생님들을 통해 많이 배웠다. 프로그램을 진행하면서 여자 체육교사의 강점이라고 제시된 페다고지컬 케어링과 부드러운 카리스마의 면모가 물씬 드러났는데, 상황극에서 금쪽이를 잘 구슬리는 여자 선생님들의 언변과 태도를 보면서 내가 보완해야 할 부분이라고 생각했다. 그런데 이 프로젝트의 취지를 생각하면 내가 보완해야 할 부분보다 나의 강점에 대해 더 초점을 맞추어야 하지 않는가. 강점 강화 프로젝트를 진행했지만 정작 나 스스로는 체육교사로서 어떠한 강점이 있는지 미처 생각하지 못했다. 단순히 잘하는 스포츠 종목이 아니라 교사로서 스타일을 말하는 것이다.

　나는 어떤 스타일의 교사일까? 나의 강점은 무엇일까? 그리고 이 강점을 어떻게 더 개발하고 강화할 수 있을까? 연구실 프로젝트는 마무리되었지만 개인적인 새 프로젝트가 하나 추가되었다.

워라하(Work life harmony)

  교직에 대한 나의 한 신념이 정립된 것은 우연한 계기에서 비롯되었다. 학회 중 커피 브레이크 타임, 교수님들의 사소한 대화를 통해서였다. L 교수님이 커피를 마시며 C 교수님에게 말했다. "방시혁 의장의 인터뷰를 봤는데, '워크 라이프 밸런스(Work life balance)'를 잘 맞추냐는 질문에 그 개념을 거부하고 '워크 라이프 하모니(Work life harmony)'라고 표현하더라고요." C 교수님은 비슷한 이 두 개념의 차이를 되물었다. "그것들이 무슨 차이가 있는 거예요?" 나도 속으로 궁금해했던 부분이다. L 교수님이 답했다. "워크 라이프 밸런스는 일과 삶을 대척점으로 두고 균형을 맞추어야 하는 느낌이라면, 워크 라이프 하모니는 일과 삶이 서로 영향을 미치며 시너지를 내는 느낌인 거죠."

  옆에서 교수님의 대화를 들으면서 나는 생각에 잠겼다. 교사라는 직업이 왜 좋은지 교직의 장점을 논할 때 흔히들 말한다. '워라벨이 좋다.' 인정한다. 비교적 빠른 퇴근 시간과 방학, 다양한 복지와 유연한 휴직 제도는 자기 삶을 가꾸고 돌볼 여유를 제공한다. 그런데 우연히 교수님들의 대화에서 들은 '워라하'라는 표현은 내가 교직에 만족하는 더 많은 이유를 함축하고 있는 것만 같았다. '교직이 진짜 좋은 이유는 워라벨을 넘어 워라하가 좋기 때문이 아닐까?' 그날 이후 '워라하'는 내 대학원 생활 중 하나의 화두가 되었다.

  이를 확인하기 위해서 나의 경험을 우선 반추해 보았다. 나의 삶이 교직(일)에 시너지를 일으킨 경험은 무엇이 있었나? 나의 교직(일)이 삶에 시너지를 일으킨 경험은 무엇이 있었나? 먼저 내 건강을 위해 매일 아침과 점심시간을 활용하여 학교에서 철봉운동을 꾸준히 하였는데 자연스레 우리 학교에 철봉 붐이 불게 되었던 경험, 평소 프로농구나 프로야구 직관을 즐겼던 내가 학생들과 함께 직접 경기를 보러 다니며 많은 학생 직관러를 만들었던 경험이 떠올랐다. 체육 관련 활동만 그러하랴, 가끔이지만 책을 읽는데, 좋은 글귀나 밑줄을 그어 놓고 따로 적어놓곤 했다. 이는 훗날 조회 중 훈화할 때 혹은 상담하는 과정에서 요긴한 소재가 되었다. 즉 나를 위해 내 삶의 질을 위해 했던 것들이 잠재적으로 학생들에게 영향을 미쳤거나 학생을 가르치는 소재로 작용한 것이다.

이 반대의 경우, 교직에서의 경험이 내 삶에 시너지를 일으켰던 경험도 다수 있다. 교육과정에 있는 배드민턴을 잘 가르치고 싶어서 배드민턴을 배우기 시작했는데, 지금은 내가 가장 좋아하는 스포츠 중 하나가 되었고 생활체육대회에도 출전하며 즐기고 있다. 또한, 표면적으로 드러나지는 않지만 27살 참 어렸던 나를 37살 지금의 나로 성장시킨 큰 지분을 하나 꼽자면 학교에서 있었던 학생들과의 수많은 에피소드들일 것이다. 학생에게 감정적으로 대해 후회했던 경험, 선생님으로서 부족했지만 학생들에게 많은 사랑을 받았던 경험들은 한 사람으로서 나를 성찰하게 했다. '교학상장'이란 표현 그대로이다. 나는 학생들과 함께하며 자신을 성장시킬 수 있었고 내 삶을 가치 있게 만들 수 있었다.

이러한 '워라하'의 신념은 내 경험과 더불어 교수님의 가르침에 의해 더욱 강화되었다. 교수님께서는 '어떻게 해야 잘 가르칠 수 있는가?'라는 근본적인 질문에 대한 답으로 네 가지 방법을 설명하였다. 흔히 잘 가르치기 위한 방법으로 Methodology(교수기법), Technology(과학기술) 활용에 초점을 맞추지만 더불어 Humanology(인간이해)와 Personology(개인심법)이 중요하다는 것을 강조하였다.[5] 간단히 설명하자면 휴머놀로지는 체성, 지성, 감성, 덕성, 영성의 인간을 이루는 차원들 전체에 대한 통합적 이해를 의미하고 퍼스놀로지는 교육자 자신만의 개인적 스타일로 평상시에 보여주는 사고방식, 행동양식, 감정, 태도 등을 의미한다. 이 두 가지 방법은 가르치는 행위를 통해 삶을 살아가는 데 중요한

---

5) 교수님의 블로그를 통해 자세한 내용을 확인할 수 있다. The Wholer. (2023. 11. 6.). 스포츠교육 방법의 사중주?. https://blog.naver.com/sporacy/

깨달음을 얻을 수 있다는 점, 가르치는 행위에 가르치는 사람의 삶이 묻어나오지 않을 수 없다는 점을 보여준다. 즉, '잘 가르치는 것'과 '잘 사는 것'에는 강한 접점이 있는 것이다. 잘 가르치려고 갈망하는 것이 잘 사는 것에 영향을 미치고 잘 살려고 갈망하는 것이 잘 가르치는 것에 영향을 미친다.

교직 본연의 특성이 워크 라이프 하모니가 수월하다 한들, 결국 자신이 삶과 일을 어떻게 인식하고 이들을 서로 어떻게 연결시키는지가 중요한 과제가 될 것이다. 내가 인터뷰 했던 전문성이 있는 교사들은 의식적으로 이러한 연결고리를 강화하는 것을 확인할 수 있었다. 대구의 한 고등학교 Y 교사는 일상, 생각, 대화, 학습을 기록하면서 이러한 경험이 교사인 자신에게 어떠한 의의가 있는지 블로그에 꾸준히 글을 올렸다. 그리고 서울의 한 고등학교 P 교사는 이렇게 말했다. "저는 방학 때 해외여행을 하면 여정 중 꼭 포함되는 것이 하나 있는데 그 나라의 학교에 가서 체육수업을 잠관하는 거예요. 복잡한 과정 필요 없이 보통 양해를 구하면 대게는 관찰하게 해줘요. 거부당한 적은 없어요. 제 체육수업이나 환경적인 것도 비교하는데 아이디어도 얻고 재미있어요." 여행 중에도 이러한 노력을 한다고? 아니 딱히 노력이라고 생각하는 것 같지도 않았.

이런 교사들이 현장에서 인정받고 있다는 것은 나에게 큰 확신을 줬다. 교직이 진짜 좋은 이유, 교사로서의 삶이 진짜 좋은 이유는 바로 "워라하!"

뭐가 좋은데?

"대학원 석사 하면 뭐가 좋은데?" 교사 지인들에게 종종 받는 질문이다. 이미 교직이라는 안정적인 직장도 있겠다 굳이 고생해서 석사학위를 취득하는 이유가 궁금하다는 뉘앙스이다. '석사 과정 중 진짜 많은 것을 배우며 공부할 수 있게 된다.', '임용고시 때 달달 외운 오래된 이론적 트랩에서 벗어나 최근 교육학 이론과 트랜드를 배우면서 보이는 게 많아졌다.', '내가 궁금한 것에 대해 연구할 수 있는 역량을 쌓을 수 있다.' 류의 대답을 기다린 것은 십중팔구 아닐 것이다. 진짜 궁금한 것은 "대학원 석사학위가 커리어 측면에서 어떤 실질적 이득이 있는데?"일 것이다. 충분히 공감한다. 공부를 해야하는 이유를 공부가 재밌고 유익하다는 것에서 찾는 것보다 원하는 직업을 얻고 좋은 학교에 진학하는 것에서 찾는 것이 훨씬 자극적이다. 그래서 석사학위와 커리어를 관련시켜 '대학원 석사 하면 뭐가 좋은데?'라는 질문에 답하려고 한다.

석사학위 자체가 커리어에 실질적 이득을 주는 경우는 알아본 바 다음과 같다. 교감이나 교장 승진과 같은 교육공무원 승진 규정에서 석사학위에 대한 약간의 가산점이 부여된다. 장학사나 연구사 같은 교육전문직 선발에 있어서도 석사학위의 선택가산점이 존재한다. 물론 박사학위의 경우는 그 점수가 더욱 크다. 그리고 메이저 출판사의 교과서를 집필할 때는 석사학위 이상의 학위 조건이 필요한 경우가 많다. 석사학위 자체만으로 커리어에 실질적 이득을 주는 경우는 크게 없다. 커리어만 놓고 봤을 때 박사학위 취득을 위한 징검다리 과정으로써 그 의미가 더 있을 수 있다.

우리 연구실 같은 경우는 석사학위를 받고 박사과정을 밟고자 대학원에 진학한 교사들이 꽤 많다. 동 대학원으로 박사과정을 밟기도 하고, 유학휴직을 쓴 후 미국이나 유럽에서 박사과정을 밟기도 한다. 유학휴직은 봉급의 50%가 지원되고, 유학 중 TA나 RA 등 대학 조교를 병행하면 경제적 문제도 해결할 수 있다고 들었다. 석사과정 중 연구실에서 만나 결혼한 부부교사가 모두 미국에 있는 한 대학의 박사과정 입학에 합격한 케이스도 있었다. 이 부부교사는 미국에서 박사과정을 밟으며 신혼생활을 하고 있다.

그렇다면 '박사학위가 있으면 뭐가 좋은데?'라는 질문으로 이어질 수 있다. 다시 한번 말하지만 학위를 수단으로 보는 것은 그 과정 자체의 소중함을 폄하할 가능성이 있다. 그러나 지금 이 글의 목적은 가려운 부분을 긁어주기 위함이니 오해가 없었으면 좋겠다. 박사학위가 있으면 앞서 언급했듯이 교육공무원 승진이나 교육전문직 선발 가산점을 받을 수 있는데, 그 가중치가 석사학위의 2배 정도 된다. 박사학위가 있으면 직업 전환의 기회도 늘어난다. 우리 연구실 교사 출신 선배님들 중 어떤 분은 한국교육과정평가원이나 한국스포츠정책과학원에 취직했고, 어떤 분은 대학교 교수에 임용되었다. 꼭 직업 전환이 아니어도 교사로 근무하며 할 수 있는 것이 많아진다. 연구할 수 있는 교사로서 교육 관련 프로젝트에 참여할 수 있고, 교육과정이나 교과서 개발에도 중요한 인력이 될 수 있다. 아울러 대학교 강의도 병행할 수 있다.

대학원에서 다양한 경우를 목격한 바 확실히 학위를 따게 되면 여러 가능성이 생기는 것은 사실이다. 그러나 공부 그 자체에 대한 호기심과 관심 없이 학위만을 수단적 목표로 삼는다면 그 과정이 고통스러울 수 있다. 나 같은 경우는 솔직히 커리어 측면에서 무엇을 더 바라보고 있는지 모르겠다. 어떠한 옵션을 선택해야 할지 답을 내리지 못했다. 석사학위에 만족하고 배웠던 것을 토대로 현장에서 더 좋은 실천가가 되기 위해 노력하고 싶기도 하고, 더 공부를 하고 싶기도 하다. 유학휴직 옵션도 솔깃하지만 내 영어 실력이나 아내가 동반 휴직을 써야 하는 현실적 부담이 크게 다가온다. 파견 교사에게는 파견 온 기간만큼의 의무 복무 기간이 있다. 복직 후 2년 동안 천천히 생각해볼 계획이다.

역할갈등

　대학원 파견이 어느 정도의 경력을 요구하기 때문에 파견 교사의 나이대를 생각하면 빠르면 30대 초반, 대게는 30대 중반 정도 될 것이다. 최근 나 포함 우리 연구실에 파견 온 세 명의 교사 모두 30대 초중반이었다. 일반적으로 30대 초중반이면 대학원 생활과 결혼, 출산, 육아 등 인생의 과업이 겹칠 확률이 매우 높다. 나 같은 경우는 제대로 겹쳤다. 2022년 파견 첫 해 여름, 우리에게 첫 아이가 생겼다는 기쁜 임신 소식을 맞이했다. 그 말인즉슨 파견 첫해 남편으로서 임신한 아내를 잘 보살펴야 한다는 도전 과제가 추가된 것이었고, 파견 마지막 해 아빠로서 신생아 육아에 힘써야 한다는 도전 과제도 추가된 것이었다. 당시 엄청나게 행복한 감정에 취해 앞으로 닥칠 엄청난 도전 과제에 대해선 과소평가했다. '하면 되지!'

　그러나 하루 24시간, 대학원에서의 역할과 가정에서의 역할은 충돌할 수밖에 없었다. 일단 구조적으로 어쩔 수 없었다. 통근 시간만 3시간에 연구실에서 근무

하고 수업을 듣고 오면 저녁 11시, 지방 학회일정이나 해외 학회로 인해 집을 비워야 하는 상황도 때때로 생겼다. 입덧을 하는 아내 혼자 저녁을 먹게 한 것이 미안했고, 한창 힘든 100일 전 신생아 육아를 함께하지 못하고 미국학회에 다녀온 것도

미안했다. 구조적 문제를 차치하더라도 내 체력이 안 되었다. 가정에서 남편과 아빠로서 내 역할에 충실하다 보면 절대적인 시간 부족과 체력저하로 다른 학우들에 비해 학위논문 진행 속도가 뒤처져 갔다. 신생아 육아는 상상 이상이었고, 공부 체력과 육아 체력은 부적인 상관관계였다.

그래도 결론 먼저 말하자면 결국 해냈다. 졸업장을 받았고, 그 조그만 아기도 잘 컸고, 결혼 생활에 큰 위기가 찾아오지도 않았다. 물론 아내의 미움은 조금 샀다. 무사히 마칠 수 있었던 것은 역할갈등을 겪으면서 점차 나름의 합리적인 균형점을 찾았다는 점과 주변의 배려와 도움이 있었기 때문이었다. 그래서 신생아 아빠 대학원생으로서 나름의 팁을 소개하고 도와주신 분들께 이 자리를 빌어 감사의 마음을 전하고 싶다.

신생아 아빠 대학원생의 팁

1. 이른 아침 수유와 육아는 내가 맡는다(5시~8시). 연구실에 출근하게 되면 홀로 육아를 하게 되는 아내를 조금 더 자게 해야 한다. 부족한 잠은 통근 시간을 활용한다. 통근 중 절대 유튜브 시청 금지!
2. 서울대학교 근처에는 맛있는 빵집이 많다. 생크림이 맛있는 낙성대의 J빵집, 휘낭시에가 맛있는 숭실대의 M빵집 등, 육아에 지친 아내를 위해 종종 달달한 빵을 사간다.
3. 주말은 되도록 아이랑 아내와 함께 오롯이 시간을 보낸다. 혹은 혼자 아이와 놀아주며 아내에게 진 육아 부채를 조금씩 갚는다.
4. 부모님께서 오시거나 아내가 친정에 가면 밀렸던 공부를 폭발적으로 한다.
5. 나도 사람인지라 공부와 육아에 지칠 때 스트레스를 풀고 싶을 때가 있다. 연구실 회식이나 친구와 약속은 미리 공식적으로 아내에게 결재를 받는 것이 중요하다. 갑작스러운 번개는 가정에서의 날벼락을 일으킨다.

가끔 대학원 수업이 갑작스럽게 휴강되어서 퇴근이 빨라지는 비공식적인 찬스가 생기기도 한다. 알아서 활용하시길.

감사한 분들

① 내가 공부에 집중할 수 있게 육아를 도맡아 해준 아내님
② 학회 참석이나 학위논문 발표를 앞두고 도와주러 오신 양가 부모님.
③ 신생아 육아를 어느 정도 분담해야 하는 나를 이해해주고 배려해준 연구실원들과 교수님.
④ 잘 먹고 잘 자고 잘 커준 아드님

덕분에 인생 과업을 수행하면서 졸업도 할 수 있었습니다. 진심으로 감사드립니다.

퇴근길

'2년 동안 많은 책도 읽었구나' 책들을 빼곡히 박스에 넣고는 터지지 않도록 테이프로 칭칭 감는다. 오늘은 마지막 출근날이다. 내 자리를 비우기 위해 분주하게 짐을 빼고 있다. 휴대용 에어침대와 전열 패드는 후배 연구실원에게 물려주기로 한다. 그렇게 무거운 짐들을 트렁크에 실은 후 다시 돌아와 연구실원들과 작별 인사를 한다. 한 글자 한 글자 적기 위해 치열한 전투를 했던 나의 격전지인 독서대도 괜시리 한 번 더 본다.

차에 올라타 시동을 건다. 엔진소리와 함께 약간의 미련과 아쉬움을 털어버린다. 백미러 뒤로 연구실 건물이 점점 작아져 가니 실감이 난다. '끝났다.' 퇴근 시간 상도터널에서 한강대교를 건너는 길은 항상 밀린다. 오늘은 그런 기다림마저도 특별하게 느껴진다. 차라리 잘됐다. 한강 저편에서 비치는 석양을 느끼며 지난 2년 동안의 기억들을 붉은 하늘에 그려본다. 학문에 몰두하며 겪었던 기쁨과 좌절, 도전과 성취의 순간들이 하나하나 떠오른다. 수정의 연속이었던 학술지 투고, 매우 긴장되었던 학회 발표, 밤을 새우며 논문을 작성하던 순간들. 함께 동고동락했던 연구실원들과의 추억도 떠오른다. 막간의 티타임을 가장한 장시간의 수다 타임과 그걸 함께 후회했던 순간, 연구실 우승을 위해 체육대회를 진심으로 준비했던 순간, 논문은 갈피가 안 잡히지만 야식을 뭐 시켜먹을지 기가 막히게 답을 내렸던 우리들.

도로에 어둠이 깔리기 시작해서 그런지 지난 추억들의 소중함 때문인지 이별의 쓸쓸함도 스며든다. 그러나 이내 새로운 시작에 대한 기대감이 그 자리를 채운다. 마지막 퇴근길은 집으로 돌아오는 길이기도 하지만 파견근무를 마치고 학교로 돌아오는 길이기도 하다. 지난 2년 동안의 항해를 통해 참 많은 것을 보고 느끼고 배웠다. 이제는 다시 그리웠던 육지로 돌아간다. 앞으로의 길이 어떤 모습일지, 어떤 도전을 다시 마주하게 될지 알 수 없지만, 지금 나는 자신감과 생기로 가득 차 있다. 일을 마치고 집에 가서 뭘 할지 설레는 것처럼 두근거린다. '학교에 돌아가면 무엇을 할까?!' 어느덧 집에 도착했다.

〈퇴근길, 2024년 2월〉

PART 3

일본행 8호:
츠쿠바대학교 파견
1세트
비기너스 럭
(Beginner's Luck)

브레이크 포인트

　테니스에서 브레이크 포인트란, 상대방의 서비스 게임을 이기게 되는 마지막 1포인트를 의미한다. 일반적인 경기에서는 리시브에 비해 서비스를 넣는 측이 유리하기 때문에, 브레이크 포인트를 얻어낸다는 것은 앞으로의 경기를 유리하게 전개하기 위한 변곡점이 된다는 점에서 매우 중요한 의미라고 말할 수 있다.

　4년간의 사범대 수업과 한 달의 교생 실습, 짧은 임용 공부 이후 말 그대로 현장에 내던져진 대부분의 초임 교사들과 마찬가지로 나 역시 좌충우돌하며 첫 학교에서의 5년을 보냈다. 대학 시절 테니스부에서 훈련을 하고 아마추어 대회에 참가하기는 했었지만 엘리트 선수로서의 경험도, 누군가를 제대로 가르쳐 본 경험도 없던 나에게 한동안 신학기의 운동장은 스스로의 미숙함이 학생들에게 들킬까 봐 전전긍긍하던 장소였다.

　발령받자마자 첫해에는 얼떨결에 스포츠클럽 여자축구반을 떠맡아 아이들과 함께 교본을 보고 이것저것 따라 하며 나름대로 고군분투했던 기억이 난다. 그래도 어찌저찌 연차가 쌓여 1급 정교사 연수를 받고 여러 연구회와 자율연수, 배구 동호회 활동 등을 통해 수업이나 학급경영, 스포츠클럽 지도와 같은 영역에서 어느 정도 경험치를 쌓아나가고 있다고 '생각했다'.

　이처럼 안일한 생각에 균열이 생기기 시작한 것은 개인적인 슬럼프와 사회적 변화가 맞물리면서부터였다. 개연성이나 논리적 정합성이 결여된 서사가 독자들로부터 외면받듯이, 전문성을 갖추지 못한 교직관은 외부로부터의 예기치 못한 충격에 취약하다. 두 번째 학교로 옮기자마자 본격적으로 맞이한 코로나 시대는 대다수에게 그러했듯 나에게도 체육 수업과 교사의 역할에 대한 근본적인 고민을 하게 되는 시기였다.

모두가 나름대로의 길을 찾아 발전해 가고 있는데 나만이 앞으로 나아가지 못한 채 공회전하고 있다는 느낌이 마음을 초조하게 했다. 그 와중에 주변의 교직 선배들, 발령 동기들이 하나둘 대학원에 진학하거나 더러 유학을 가는 것을 지켜보면서 이대로 가다가는 애초에 나에게 있었는지조차 의문인 전문성을 영영 키워보지도 못하
는 것이 아닐까 하는 걱정이 들기 시작했다.

만만치 않은 대학원 등록금과 여러 기회비용에 대한 두려움 때문에 선뜻 용기를 내지 못하던 와중 문득 지난해 문서등록대장에서 본 뒤 한동안 잊고 있던 일본 파견 공문에까지 생각이 이르렀다. 다시 찾아 자세히 읽어보니 일본 현지의 학교에서 근무하는 것이 아니라 대학교에서 연수를 받는 형태의 파견이라는 사실을 알게 되었다. 무엇보다 솔깃했던 지점은 파견 기간 동안 월급과 별도로 일본 정부에서 장학금을 지급한다는 문구였다. 경제적인 부담이 거의 없다는 점과 나이 제한이 있어 지원 가능한 시기까지 시간이 얼마 남지 않았다는 점이 도전의식을 부추겼다.

거기에 일정 부분, 그동안 쉼 없이 일해 온 학교 현장으로부터 잠시 도망치고 싶은 유혹이 섞이지 않았다고는 말하지 못하겠다. 그러나 일반적으로 자기파괴적이 되기 쉬운 현실도피성 행위들과 달리 개중에는 도리어 현실로 되돌아올 힘을 주는 유익한 피난처도 있는 법이다.

테니스 경기에서 모든 포인트들은 서로 유기적으로 연결되어 있다. 앞선 랠리에서 상대방과 내가 주고받은 스트로크는 반드시 다음 플레이에 영향을 미친다.

선수들의 체력이나 스피드, 순발력과 같은 물리적 조건만큼이나 심리적 요소가 승패를 좌우하는 건 이 때문이다.

그런데 경기를 하다 보면 아무리 강한 상대라도 내 쪽에서 브레이크 포인트를 잡게 되는 순간이 한 번쯤은 오기 마련이다. 그간 내내 요원하게만 여겨왔던 해외 파견의 기회가 우연히 내 눈 앞에 등장한 지금이 어쩌면 이번 세트에서 남은 경기의 향방을 결정지을 중요한 시점일 수도 있겠다는 생각, 나머지 반쯤은 '뭐라도 하면 어찌 되었건 지금보다는 나아지겠지'라는 태평한 생각으로 올해의 시험을 준비하기로 마음먹었다. 앞으로 펼쳐질 고난은 까마득히 모르는 채로.

미답지(未踏地)

일본 정부 초청 교원 연수(파견) 프로그램은 문부과학성(우리나라의 과학기술정보통신부, 교육부, 문화체육관광부에 해당)이 매년 실시하고 있는 국비 외국인 유학생 제도 중 하나로, 1980년 창설되어 지금까지 이어지고 있다. 선발 대상은 교직 경력이 통산 5년 이상이며 만 35세 미만인 해외 현직 초중등 교육기관의 교원이다.

각국의 일본 대사관에서는 서류 심사 및 필기시험과 면접을 실시하여 문부과학성에 대상자를 추천한다. 문부과학성에서는 2차 전형을 거친 최종합격자를 일본의 교원 양성 국·공립 대학에 배치하며, 파견된 교원연수생들은 6개월의 일본어 예비 교육을 거쳐 각 대학에서 1년간의 교육 지도를 받는다. 이 기간 동안 입학금과 수업료 등은 일본 정부에서 부담하고 교원연수생은 매달 143,000엔(지역에 따라 가산)을 장학금으로 지급받는다.

국내의 다른 파견 제도와의 차이점은, 연수 기관은 대학원으로 지정되어 있지만 학위의 취득을 목적으로 하는 프로그램은 아니라는 것이다. 어디까지나 교육 교류를 통해 양국의 상호 이해와 발전에 이바지하도록 하는 것이 본래의 취지이므로, 연수의 수료 이후에는 즉시 귀국하여 교원으로서 복무를 계속해야 한다.

주대한민국일본대사관과 국립국제교육원의 공지 이후 각 학교에서는 매년 조금씩 차이가 있긴 하지만 보통 학기말인 12월과 이듬해 1월 사이에 「일본 정부(문부과학성) 초청 교원 연수생 초청 및 지원 안내」라는 이름의 공문을 받게 된다. 지원을 희망하는 교사는 필요한 서류들을 준비해 소속 학교의 관리자와 교육청의 추천을 받아야 필기시험을 응시할 수 있는 자격이 주어진다. 1차 필기시험을 위해 제출해야 하는 서류는 △신청서 △배치대학희망신청서 △최종출신학교의 전학년 성적증명서 △졸업증명서 △재직증명서 △학교장 추천서 △건강진단서 △일본어자격증명서(선택) 등이다.

목록을 보면 알 수 있듯이 사전에 구비해야 하는 서류가 많고 내용이 까다로워 꼼꼼히 읽어보지 않으면 세부 사항을 놓치기 쉽다. 특히 신청서에는 향후 일본에서의 연구 계획이나 본인의 업무와 관련된 내용을 영어 또는 일본어로 상세히 작성하도록 되어있다. 이 내용은 나중에 면접을 볼 때나 현지의 대학에서 지도교수를 배정할 때 중요한 요소로 작용하므로 미리 시간과 공을 들여 준비해 놓는 것이 좋다.

서류전형을 통과한 지원자들은 대개 1차 필기시험을 방학 기간 중인 2월 중순에 치른다. 이 필기시험을 거쳐 선발된 인원들을 대상으로 3월 초에 2차 면접이 실시되는데, 이러한 시험 일정 덕분에 지원자들은 겨울 방학이 어떻게 지나갔는지 모를 정도로 정신없이 보내게 되는 셈이다. 이 과정까지를 무사히 마치고 난 뒤에는 대사관의 합격 발표를 하염없이 기다리는 일만이 남아 있다.

처음 시작하는 단계에서 가장 큰 어려움은 아무래도 주변의 체육 교사들 가운데 이 파견 제도를 알고 있는 경우를 거의 찾아보기 어려웠다는 점이었다. 그런 측면에서 나에게 이 제도는 아직 탐사되지 않은 미답지(未踏地)로 느껴졌다. 상대적으로 타 교과나 초등학교에는 이 시험에 관심을 두고 있거나 실제로 도전하려는 교사들의 수가 적지 않다.

이처럼 일찍부터 파견을 희망하는, 또는 서류 지원 후 시험 응시를 앞둔 각 지역의 지원자들은 온라인에서 운영되고 있는 커뮤니티를 통해 관련 정보들을 공유하고 있다. 이곳에서는 필요한 서류의 세세한 작성 방법에서부터 필기시험의 기출 문제를 비롯해 각종 유용한 자료들을 얻는 것도 가능하다. 또 최종 선발된 교사들의 합격 수기와 파견 생활에 관련된 후기들이 정기적으로 올라오기 때문에 수험생 입장에서는 상당한 동기부여가 되기도 한다.

미답지를 향해 떠나려는 여행자에게 간절한 것은 정확한 지도와 믿을만한 동료들일 것이다. 시험을 준비하는 과정에서부터 연수 종료에 이르기까지의 긴 시간 동안, 과거에 파견을 다녀오거나 현지에서 파견 중인 선배 교사들로부터 이루 말할 수 없이 큰 도움들을 받았다. 덕분에 혼자였다면 겪었어야 할 수많은 시행착오를 무사히 건너뛸 수 있었다.

녹록지 않았던 타국에서의 연수 생활 중에도 다른 학교에 있는 파견 동기들이 많은 의지가 되어 주었다. 그 인연들이 귀국 후에도 이어지고 있는 것은 참 다행한 일이다. 나 역시 언젠가는 다른 사람들의 지도에 작은 범례로나마 보탤 수 있게 되기를.

스윗 스팟

테니스에서 스윗 스팟이란 공이 맞았을 때 가장 멀리, 빠르게 날아가는 라켓 면의 최적점을 의미한다. 일반적으로는 자신이 목표한 결과를 이루는 데 요구되는 최적의 상태나 상황을 뜻하기도 한다. 수험 공부에서도 마찬가지로 원하는 성적을 효율적으로 얻기 위해서는 자신만의 정확한 스윗 스팟을 아는 것이 중요하다.

일단 프로그램에 지원하기로 마음을 먹었다면 하루라도 빨리 필기시험에 대비해 어학 공부를 시작하는 것이 최우선이다. 공문이 발송된 뒤 1차 필기시험을 치르기까지의 여유 기간은 두 달에 불과해 상당히 촉박하다. 가능하다면 모든 준비를 미리미리 해 두는 것이 바람직하다.

가장 좋은 방법은 사전에 JLPT나 JPT와 같은 공인어학시험에 응시하는 것이다. 불가피하게 필기시험을 실시할 수 없는 경우 공인 일본어 성적에 의해 면접 대상자 또는 추천대상자를 결정할 수 있다는 점이 공문에 명시되어 있기 때문이다. 또 기출 문제와 유형과 난이도가 유사하므로 실제 시험에 대한 감을 익힐 수 있다는 장점이 있다.

나의 경우 해당 연도의 공문이 오기 전인 10월부터 본격적으로 준비를 시작해 매일 퇴근 후 하루 네 시간 정도를 어학 공부에 투자했다. 공부를 시작한 첫 달에는 JPT, 11월에는 텝스, 12월에는 JLPT와 토익 시험을 일단 연달아 접수해 놓은 뒤 각 시험을 대비하기 위한 인터넷 강의를 듣고 교재를 풀어가며 공부했다.

임용 공부하던 시절도 이미 까마득한데, 고등학교 졸업과 동시에 내려놓고 살던 영어와 일본어를 기초부터 다시 시작하려니 차라리 뇌를 새것으로 교체하고 싶을 정도로 괴로웠다. 처음 기출 문제를 풀었을 때는 반절도 채 맞추지 못해 좌절도 했고, 너무 공부하기가 싫어서 포기할까 망설이기도 했다.

그러나 수많은 타구 끝에 본인에게 맞는 스윙의 임팩트와 라켓의 스윗 스팟을 마침내 찾아냈을 때의 기쁨은 그 과정에서의 쓰라린 기억들을 전부 보상해 주고도 남는다. 아마 그 시기로 되돌아간다면 또다시 똑같이 고통스럽겠지만 점점 나에게 맞는 공부 방법을 찾아나가면서 얻게 된, 그 고통 속에도 골목마다 즐거움이 기다리고 있다는 확신이 나의 가장 큰 소득이다.

겨울 방학이 되자 이제는 본격적으로 조급해졌다. 평소였다면 가족들 친구들과 신나게 보냈을 연말연시지만 발등에 불이 떨어진 사람처럼 하루 종일 책상 앞을 지켜야 했다. 문제를 풀지 않는 쉬는 시간에도 무의식중에 모르는 단어에 익숙해질 수 있도록 NHK나 CNN 방송을 틀어 놓고 지내다 보니 필기시험 직전에는 꿈에서마저 일본어와 영어가 나오는 지경이 되었다.

시간은 언제나 수험생의 편이 아니어서 눈 깜짝할 새 2월이 되고 1차 시험일이 코앞으로 다가왔다. 필기시험은 응시자의 거주 지역에 따라 서울, 부산, 제주 등 전국적으로 총 세 곳에서 치르게 된다. 합격자들이 공통적으로 이야기하는 부분은 우선 지금까지의 기출 유형을 분석해 시험의 형식에 익숙해지는 것이 가장 중요하다는 것이다.

체감상 일본어는 JLPT의 N1~2 사이, 영어는 어휘와 문법의 난이도가 TEPS와 비슷하게 느껴졌다. 해마다 다르겠지만 대개는 영어 과목에서 변별이 크다고들 한다. 그러나 일본어나 영어 둘 중 하나라도 기준점에 미달이 되면 자동적으로 탈락하게 되므로 지원자 입장에서는 어느 쪽도 소홀히 할 수 없다.

필기시험 대상자 30명 중 15명이 1차 합격자로 선발되었다. 이 1차 합격자에 한해 치르게 되는 면접전형은 서울 종로구에 위치한 주한일본대사관에서 이루어진다. 면접 시간은 1인당 15~20분 가량으로, 나의 경우 일본어로 간단한 자기소개와 지원 동기, 유학 생활에 대한 의지, 본인의 연구 주제 및 방법에 대한 대략적인 설명을 미리 준비해 갔다.

최종 심사는 필기시험과 면접전형의 평가를 종합적으로 감안하여 결정된다.

대사관에서는 4월경 추천대상자를 확정해 공지하지만 일본 문부과학성에서 발표하는 최종 합격 통지는 8월에서야 받게 된다. 실제로 대사관 추천대상자로 선정되었음에도 최종적으로 선발되지 못한 사례도 없지 않으므로 지원자들은 마지막까지 마음을 졸이게 된다.

합격 통지를 받은 뒤 가장 먼저 해야 할 일은 소속 학교에 알리는 일이다. 우리나라와 달리 10월에 가을 학기가 시작하는 일본 대학의 학사 일정에 맞추기 위해서는 학교 측에서도 대체 인력을 미리 구하고 필요할 경우 담임 교체도 해야 하기 때문이다.

이제부터는 국비 유학생 신분으로 일본에 입국하게 되므로 기한이 표기된 유학 비자를 발급받고 도일(度日)을 위한 여러 가지 준비에 돌입해야 한다. 주한일본대사관에서는 최종적으로 파견이 결정된 인원들을 대상으로 출국 전 사전 설명회를 개최해 여러 가지 주의 사항에 대해 일러준다. 이 자리에는 서울일본인학교에 재직 중인 현지 교사들도 참여해 함께 이야기를 나눌 수 있었다.

떠날 날이 가까워져 와도 끝까지 실감은 나지 않는다. 아직 코로나가 한창일 때여서 앞으로의 생활에 대해 걱정은 한가득이었지만 여전히 어리둥절한 채로 2022년 9월 20일, 친구와 가족들의 배웅을 받으며 나리타행 비행기에 몸을 실었다.

저는 자연인입니다

나리타 공항을 출발해 츠쿠바대학의 악명 높은 이치노야 기숙사에 처음 도착했을 당시의 충격은 아직 생생하다. 개교 당시 지어져 50년이 지난 지금은 전반적인 시설이 노후되어 기숙사라기보다는 수용소에 가깝다는 것이 나의 솔직한 첫인상이었다.

쇼와 시대(昭和時代, 1926-1989)의 라디에이터가 설치된 허름한 방에는 찬물밖에 나오지 않는 싱크대와 침대, 녹슨 책상이 가구의 전부다. 기숙사생들은 1층의 주방, 코인 세탁기를 공동으로 사용해야 하는 것은 물론 100엔을 넣으면 9분을 사용할 수 있는 샤워부스는 건물 전체에 두 대뿐이어서 불편이 이만저만이 아니다.

입소 첫날에는 앞으로 정말 이곳에서 살 수 있을까 하는 걱정에 망연자실해 눈물만 주르륵 흘렸던 기억이 난다. 히라스나, 오이코시, 글로벌 빌리지 등 다른 기숙사들과도 거리가 멀고 캠퍼스의 북쪽 끝에 위치해 문명(?)과 가장 멀리 떨어져 있다는 이유로 학생들 사이에서 우스갯소리로 '유배지'라 불린다는 사실은 나중에서야 듣게 되었다.

이치노야(一のや, 첫 번째 화살)라는 기숙사의 이름은 이 지역이 속한 타마토리 이치노야구(區)에서 유래한 것으로 보인다. 이 지명에는 재미있는 전설이 남아 있다. 옛날 남쪽의 큐슈(九州) 지방에서 까마귀 떼가 몰려와 농작물을 비롯해 가축과 사람에게까지 해를 끼치자, 곤경에 처한 마을 사람들은 활을 잘 쏘는 사람들을 모아 까마귀를 퇴치하기로 했다.

인근 마을에서도 활 솜씨에 자신이 있는 사람들이 많이 모여들었다. 명궁들의 화살에 겁에 질린 까마귀들은 뿔뿔이 흩어져 날아갔다. 이때 가장 먼저 화살로 까마귀를 쏘아 떨어뜨린 곳이 지금 이치노야 야사카 신사가 있는 곳이라고 한다. 이 까마귀는 신기하게도 다리가 여섯 개여서 그 다리로 구슬을 단단히 잡고 있었기 때문에 이 부근을 '타마토리(玉取)'라고 부르게 되었다는 이야기다.

전설 속 명궁들이 지금은 사라져서인지, 이 일대에는 까마귀가 정말 많다. 일반적으로 볼 수 있는 까마귀보다 몸집이 두 배 이상 거대하고 영리한 이 새들은 고향에서 보내온 택배 박스나 정성 들여 싼 도시락 통쯤은 예사로 열고 음식을 훔쳐 가기 때문에 기숙사생들한테는 가장 큰 경계 대상이다.

처음 몇 달간은 열악한 환경에서 조금이라도 인간다운 삶을 영위하기 위해 고군분투해야 했으나 일 년 반의 시간이 지나는 동안 이 유배지에도 깊이 정이 들고 말았다. 나중에는 소소한 불편함과 거대한 벌레들에게마저 익숙해졌다. 그러면서 인간이 살아가는 데 반드시 필요한 조건이나 환경은 실상 그렇게 대단치 않은 것들일지도 모르겠다는 생각도 들었다. 오히려 모든 것이 간소하고 소박한 이 곳에서의 생활이 마음을 편하게 해주는 구석이 있다고 여기게 되었다.

츠쿠바에 오고 나서야 알게 되었지만, 해외교원연수생이라는 존재는 사실 대학 내에서 상당히 애매한 위치에 있다. 학번이 적힌 학생증도 발급되고 수업도 들을 수 있는 학내 구성원이면서도 정식 학위과정을 밟는 것은 아니기 때문이다. 해외교원연수생 제도가 츠쿠바대학에서 실시된 지는 40년이 넘었어도 매년 워낙 소수의 인원인데다 정례화된 커리큘럼이 있는 것이 아니다 보니 지도교수와 연구실 상황에 따라 방치될 가능성도 있다. 그래서 일본어에 서툴거나 본인이 적극적으로 나서지 않는 경우 끝내 정을 붙이지 못하고 손님처럼 머물다 가는 경우도 종종 있다.

이러한 느슨한 소속감이 처음에는 당황스러웠어도 매일 출근해 밥벌이를 해야 하는 직장인의 고단함으로부터 놓여난 만큼 좋든 싫든 한동안은 자연인으로서의 지위를 마음껏 누리게 되었다. 그러나 급작스럽게 주어진 막대한 자유일수록 치러야 할 대가는 만만치 않다는 사실을 깨닫기까지는 오랜 시간이 걸리지 않았다.

우선 가구 조립부터 생존을 위해 필요한 잡다한 행정적 절차에 이르기까지 무엇이든 혼자 힘으로 해내지 않으면 안 된다. 교원연수생마다 학교 측에서 대학원생 튜터를 한 명씩 배정해 주기는 하나 일일이 도움을 요청하는 것이 내키지 않아 웬만한 일들은 알아서 처리해야 했다. 스스로 페달을 밟지 않으면 앞으로 나아가기는커녕 쓰러지는 상황에 놓여 보니, '나사 한두 개쯤 풀어놓은 채로 살아도 알아서 관성대로 굴러갔던 한국에서의 생활이 참 편리했구나' 생각이 들었다.

오키나와 출신의 친구가 가르쳐 준 'なんくるないさ(난쿠루나이사)'라는 표현이 있다. 그 지역의 방언으로 '어떻게든 잘 될거야'라는 뜻이다. 남국의 정취에 기댄 대책 없는 낙관주의라 여기기 쉽지만 실은 그 앞에 '옳은 일을 계속하고 있으면'이라는 문장이 생략되어 있다. 즉 좌절하지 않고 올바른 길을 걷기 위해 노력하면 언젠가 좋은 날이 오리라는 경구(警句)에 가깝다. 마음이 갈피를 잡기 어려울 때면 오히려 이런 단순한 주문에 마음이 끌리기 마련이다.

하지만 아침저녁 주문을 외우는 것만으로 모든 일들이 눈 녹듯 깨끗이 해결되는 것은 아니다. 사소한 불운과 바보 같은 실수들이 겹친 사건들을 몇 번인가 겪고 나니 비로소 바로 옆에서 잔소리하는 사람도, 당장 곁에서 챙겨줄 사람도 하나 없는 내 처지가 실감이 났다. 그렇게 내가 나 스스로를 매일같이 건사하지 않으면 안 되는 야생의 삶이 시작되었다.

이치노야의 **사계절**

    숲과 호수로 둘러싸인 이곳에서는 흘러가는 계절의 변화가 손끝에 만져질 듯하다. 전체적으로 녹지가 풍부한 츠쿠바대학의 캠퍼스 내에서도 북쪽 끝자락의 이치노야는 양옆으로 수령이 오래된 플라타너스와 메타세쿼이아 가로수길이 이어져 있다. 봄부터 늦여름까지 자전거를 타고 신전의 열주(列柱)처럼 늘어선 나무들 사이를 달리다 보면 바람과 그림자까지도 연두와 초록인 것처럼 느껴진다.
    여러 가지 편의시설이나 캠퍼스의 떠들썩한 활기와는 거리가 먼 이치노야지만, 시간이 지날수록 이곳에 온 것이 도시보다 시골 생활이 체질에 맞는 나한테는 오히려 행운이었다고 여기게 되었다. 도착한 처음 몇 주간은 기숙사 주변의 나무와 풀들의 팻말 속 이름을 외우는 데 시간을 보냈다. 고유한 이름을 익히면 이전보다 더욱 애정 어린 시선으로 대상을 관찰하기 마련이다. 그러다 보면 도서관으로 가는 길가의 겹벚꽃이 며칠 뒤에 만개할지, 치자꽃이 이제는 질 무렵인지, 산딸나무의 열매는 언제쯤 익을지 누구보다 빨리 알아채게 된다.
    플라타너스 가로수 건너편으로는 소와 말을 키우는 목장이 있고, 안쪽으로는 헤이타로 호수와 연결된 식물원이 있다. 동이 틀 무렵의 식물원에서는 누구에게도 방해받지 않고 새벽의 고요를 독차지할 수 있다. 이따금 운이 좋으면 일본에서는 히스이(翡翠, 비취)라고도 부르는, 물총새가 물가에 앉아 이름처럼 선명한 청록색 깃털을 다듬는 모습도 볼 수 있었다.
    봄 학기 개강이 다가오면 기숙사에 배정받아 짐을 옮기는 신입생과 가족들로 이치노야가 갑자기 분주해진다. 겨우내 버려진 줄 알았던 작은 텃밭에도 원예부 학생들이 토마토나 호박 같은 작물 모종을 새로 심기 시작했다. 이른 봄에는 어린 휘파람새의 노래가 아직 서툴고 청띠제비나비 날개의 푸른색, 버드나무 새순의 연녹색, 크로스컨트리 주로를 따라 핀 벚꽃의 안개 같은 분홍색처럼 부드럽고 다정한 색채들로 소란하다.

이치노야 근처에는 미국에서 온 반 시켈씨가 일본인 아내와 함께 운영하는 블루베리 농장도 있다. 수국이 피는 유월이 되면 농장에서는 제철 블루베리와 라즈베리, 블랙베리를 원하는 만큼 따서 먹고 자전거 바구니에 가득 담아 돌아올 수 있다. 한낮에는 태양 아래 가만히 서있는 것조차 힘든 여름 날씨지만 이따금 내리는 소나기로 하늘은 내내 청량했다. 여름방학 때는 테니스코트에 살다시피 하면서 더위를 피해 공용동(供用棟)의 로비 계단에 앉아 차가운 메밀국수나 아이스크림을 먹던 즐거운 기억들.

새로운 학기기 시작되고, 길을 걷다 멈추어 설 정도로 달콤한 금목서 향기가 나기 시작하면 비로소 가을이다. 금목서 꽃잎은 진한 귤색이고 앙증맞게 작다. 이렇게 작은 꽃에서 어떻게 이런 향기가 나는 건지. 꽃이 피기 전까지는 그 자리에 있는 줄도 몰랐는데. 두 번째 가을에는 금목서보다는 옅지만 더 상큼한 향기가 나는 은목서 나무를 산책길에 발견해 굉장히 기뻐했던 일이 그날의 일기에도 쓰여 있다.

두 번의 가을 모두 유달리 길었다. 밤에 자려고 누우면 도토리 굴러 떨어지는 소리가 머리맡까지 크게 들린다. 나무들마다 투명한 황금빛 햇살에 씻겨 색색의 단풍이 화사하게 반짝이는 날들이 11월 말까지 이어진다. 이런 천국 같은 날씨가 언제까지고 계속되는 걸까 하고 생각할 때쯤 붉은 상사화가 지고 첫서리가 내리면서 가을도 끝이 난다.

12월이 되면 갑자기 쌀쌀해진 바람 때문에 장갑과 귀마개 없이는 자전거 타기가 괴로워진다. 밤새 난방을 해도 방이 좀처럼 따뜻해지지 않아 옷을 겹겹이 껴입고 코타츠를 켜놓은 채 그 속에서 잠들기 일쑤였다. 그러나 위도가 달라서인지 쿠로시오 해류의 영향인지 이곳의 풍경은 겨울에 접어들어도 마냥 황량하지만은 않다.

　양쪽 가로수길의 나뭇잎이 전부 떨어져 버려도 이내 붉고 흰 동백꽃, 알록달록한 오색 동백, 분홍색 앙금으로 겹겹이 빚은 듯한 소녀 동백이 피었다가는 지고를 계속한다. 겨울이 깊어질수록 송이째 떨어져 쌓인 꽃들로 산책로 주변은 푹신한 양탄자를 깔아놓은 것처럼 변한다. 동백꽃은 새를 통해 꽃가루받이를 하는 대표적인 조매화(鳥媒花)다. 동백나무 근처에서 희미하게 지저귀는 소리가 들리면 틀림없이 눈 주위에 둥글고 하얀 테가 둘러진 녹색의 동박새가 이리저리 가지를 옮겨 다니며 작은 부리로 꿀을 먹는 모습이 보인다.

　이치노야에서 내가 행복했던 이유는 아마 매일매일 달라지는 자연의 사소한 변화를 알아차리고 기뻐할 수 있는 마음의 여유가 주어졌기 때문이었을 것이다. 어쩌면 오히려 모든 것이 마냥 안락하지만은 않은 환경이어서 더욱 그랬는지도 모르겠다. 철학자이자 작가인 데이먼 영은 『인생학교 : 지적으로 운동하는 법』에서 다음과 같이 이야기한다.

　"우리는 자연환경의 일부이면서 동시에 자연환경과 관계를 맺는 생물이다. 따라서 우리의 감각과 운동능력은 만질 수 있고 살아 숨 쉬는 세계와 상호작용할 때 가장 생기 넘친다. (...) 다채롭고 쉼 없이 변화하는 환경에 몸으로 참여한다는 것은 우리의 존재가 확대된다는 의미다."

　사계절 내내 나의 하루 일과는 이치노야 기숙사에서 출발해 캠퍼스의 남쪽 끝을 반환점으로 하는 8km 정도의 주로를 달리는 것으로 시작했다. 달리기는 신체를 매개로 세계와 소통하는 가장 직접적이고 본질적인 운동이라고 생각한다. 그 달린 시간들이 내 안에 쌓여 계절의 변화를 따르는 삶의 내재율을 어렴풋이나마 이해하게 되었다.

   하지만 되풀이되는 계절과 달리 인간의 모든 일에는 끝이 있기 마련이고 도착지가 정해진 달리기는 마지막이 예고된 이야기와도 같은 것이다. 그러니까 아끼는 소설의 책장을 한 장 한 장 아쉬워하며 넘기듯, 이곳에서의 하루하루도 놓치지 않고 소중히 다루겠다고 마음먹었다. 결말을 읽은 뒤에도 후회가 남지 않도록.

Unpack,
교사 셋 파견행

PART 3

일본행 8호:
츠쿠바대학교 파견
2세트

게임 체인저
(Game Changer)

츠쿠바대학 둘러보기

　츠쿠바대학은 도쿄 도심에서 북동쪽으로 약 60km 떨어진 이바라키현(県)의 츠쿠바시(市)에 위치한 일본의 국립대학이다. 도쿄문리과대학과 부설 도쿄고등사범학교 및 도쿄농업교육전문학교, 도쿄체육전문학교 등이 통합해 1973년 설립된 도쿄교육대학의 후신으로 매년 많은 수의 교육자들을 배출하고 있다.

　역사가 오래된 만큼 그동안 노벨상 수상자를 포함한 유명한 학자와 운동선수들이 이곳 출신인데, 올림픽 금메달리스트만 현재까지 25명에 이르며 2020 도쿄올림픽의 동메달리스트로 우리나라에도 잘 알려진 안창림 선수 역시 츠쿠바대학의 유도부 소속이었다.

　아마 츠쿠바에 처음 도착한 사람이라면 어디서부터 어디까지가 캠퍼스인지 구분하기 쉽지 않을 것이다. 캠퍼스 부지의 총 면적 자체가 약 2,588헥타르(도쿄돔 약 55개 크기)로 광활한 탓도 있지만, 건학 이념인 '열린 대학'을 모토로 정문이 없이 외부에 개방되어 있는 것이 특징이기 때문이다.

　남북으로 길게 이어진 형태의 캠퍼스는 한쪽 끝에서 다른 쪽까지 빠른 걸음으로 걸어도 1시간 이상이 소요된다. 교내에서부터 역까지 순환하는 시내버스가 다니긴 하지만, 배차 간격이 짧지 않은 탓에 거의 절대다수의 학생들이 자전거를 주요 이동수단으로 사용한다.

　'사람보다 자전거 수가 더 많다'라는 농담이 있을 정도로 학기 중에는 끝도 없이 세워진 자전거들 사이에서 세워 둘 공간을 찾기 위해 애먹어야 할 때도 있다. 처음 도착했을 때는 한국과 반대인 차선에 익숙하지 않아 자전거로 도로를 역주

 행히거니, 교내에서 길을 잃어 수업에 지각하는 등 자잘한 에피소드들이 있었지만, 한 학기의 절반이 지날 무렵에는 절망적 수준의 방향치인 나도 이곳의 지리에 익숙해지게 되었다.

 캠퍼스를 거닐다 보면, 다른 대학교에 비해 외국인의 비율이 눈에 띄게 높다는 사실을 알아챌 수 있다. 츠쿠바 대학의 2023 통합보고서에 따르면, 16,655명의 재학생 중 외국인 유학생은 백여 개 국가에서 온 2,399명(약 14.4%)이며, 해외 67개국 376개교와 국제교류협정을 맺고 있다.

 문부과학성의 슈퍼글로벌대학 지정교인만큼 영어 강의와 영어만으로 졸업할 수 있는 학사 프로그램, 다양한 유학생 장학금 제도 역시 마련되어 있다. 뿐만 아니라 무슬림 학생과 교직원들을 위해 교내에도 할랄 인증 재료만을 사용하는 교내 식당과 카페, 식료품점이 운영되고 있는 등 외국인 학생들에 대한 배려는 상당한 수준이다.

 다양한 외국인 친구를 사귀고 싶다면 국제교류 행사에 참여하거나 학생들 간의 언어교환 프로그램을 적극적으로 이용할 수 있다. 영어와 일본어뿐만 아니라 프랑스어, 스페인어와 같은 언어권의 학생들도 많이 참여하며, 특히 최근에는 한국 문화의 인기로 교내에서도 한국어를 배우고자 하는 외국 학생들이 늘어나는 추세다.

츠쿠바에 와서 개인적으로 가장 감탄했던 부분은 캠퍼스를 포함해 넓은 규모의 녹지대가 도시를 가로질러 선형적으로 연결되도록 설계된 점이다. 츠쿠바시 내의 크고 작은 공원의 수는 200여 개에 달하고, 시민 1인당 공원 면적은 약 9㎡로 전국 평균을 웃돌고 있다. 그중에는 큰 호수나 운동 시설을 포함하는 넓은 부지의 공원도 있지만, 대다수는 동네마다 조성된 소규모의 공원들이다.

총면적이 동일하라도 이런 식으로 작은 공원들이 분산되어 있는 경우 시민들이 일상생활 속에서 자연스럽게 녹지로 접근할 수 있다는 이점이 있다. 특히 대학 캠퍼스가 끝나는 지점부터 츠쿠바역을 지나 약 5km에 달하는 구간은 마츠미 공원, 주오공원, 오시미즈공원, 타케조노공원, 니노미야 공원, 도호공원이 일렬로 연결되어 학생들뿐 아니라 일반 시민들이 통학이나 출근길에 자연스럽게 걷거나 자전거를 타고 이동하기 용이하도록 되어 있다. 이처럼 도시 내 공원들을 효율적으로 연계하는 '파크 커넥터 네트워크(Park Connector Network)'는 최근 우리나라에서도 신도시 조성에 적극적으로 활용되고 있는 긍정적인 참고 사례다.

체육인들의 **호그와트**

캠퍼스 내에서 일 년 내내 자주 마주치게 되는 풍경 중 하나는 운동부 학생들이 열을 맞춰 순환도로를 달리며 체력 훈련을 하는 모습이다. 이들 대부분 타이센(體傳체전, 체육전문학군의 줄임말) 소속으로, 츠쿠바대학 내에는 총 44개 종목의 운동부가 있다. 규모는 운동부마다 다르지만, 축구와 같이 실력에 따라 1~4부로 나누어져 부원이 100여 명에 달하는 종목도 있다.

일본 최고를 넘어 세계적인 수준의 경기력을 목표로 하는 학생 선수들이니만큼 훈련의 강도는 일반인들이 짐작하는 수준 이상이다. 1교시 시작 전의 아침 이른 시간과 정규 수업이 끝난 이후 저녁이 되면 교내의 경기장들은 각 종목 별 선수들로 채워진다. 휴식일은 주 1회, 학기가 끝나도 대회 일정에 따라 정규 훈련은 계속된다. 코로나 이후 많이 누그러졌다고는 하나 여전히 운동부 내 규율이나 선후배 사이의 관계는 엄격한 편이며, 공식적인 일정에 있어 개인 행동은 철저히 금지된다.

대부분의 시간을 훈련에 할애해야 하다 보니, 일반적인 대학생들과 같이 본인의 취미나 아르바이트, 서클 활동은 병행하기 어렵다. 이에 대해 학부 시절 4년간 육상부에서 장거리 선수로 활동했던 나의 담당 튜터 H군은 "중·고등학교를 거쳐 대학에서까지 부카츠(운동부 활동)를 선택했다는 것은 그만큼 선수로서 성과를 내겠다는 각오를 의미하기 때문에 남들과 같은 대학 생활을 즐기지 못한 것에 대해 큰 아쉬움은 없다"고 말했다.

체육전문학군이 아닌 다른 전공이면서 운동부 활동을 하는 학생들도 있다. 하지만 운동부 소속 선수라고 해서 수업에서 특혜를 받는다거나, 반대로 학과 공부를 이유로 훈련을 소홀히 것은 용납이 되지 않으므로, 학업과 운동부를 병행하기 위해서는 몇 배의 노력이 필요하다. 내가 만난 츠쿠바대학의 운동부 학생들은 대부분 대학 시절의 부카츠에 대해 "기술을 향상시켜 대회에서 성적을 내며 스스로의 존재 의미를 찾을 수 있었다"며 "부카츠 훈련은 하나의 목표를 위해 자신의 강점과 약점에 대해 끊임없이 고민하며 진정한 '나다움'을 형성하는 과정"이라고 이야기한다.

지원 당시 많은 국공립대학들 가운데 내가 츠쿠바대학을 1지망으로 써낸 이유는 일본 내에서도 체육인의 양성으로 명망 높은 대학교의 시스템을 직접 눈으로 확인하고 싶었기 때문이다. 실제로 학교를 둘러보다 보면 각 종목별로 완비된 경기장과 운동 시설에 깜짝 놀라게 된다. 농구장·체조경기장 등이 있는 중앙체육관, 배구경기장이 있는 구기 체육관, 실내외 수영장, 무도관, 국제 규격의 육상경기장, 미식축구장, 야구장, 라크로스 경기장, 럭비구장 등등은 체육전문이 아닌 종합대학 중에서는 좀처럼 찾아보기 어려운 규모다.

이러한 시설들은 타이센 학생들만의 전유물이 아니다. 츠쿠바대학의 독특한 방침은 모든 재학생이 전공과 관계없이 2학년까지 체육 과목을 필수학점으로 이수해야 한다는 것이다. 학부생을 대상으로 개설되는 체육수업의 종목은 굉장히 다양하며, 대다수의 학생들은 평소 접하기 어려웠던 종목을 프로 수준의 설비와

코칭으로 배울 수 있다는 점에서 체육수업을 반긴다.

　전반적으로 스포츠의 인기가 높은 까닭에 교내에서 열리는 다른 대학과의 대항전 같은 경우 며칠 만에 티켓이 매진될 정도로 관심과 응원의 열기가 뜨겁다. 이러한 경기들은 선수들뿐만 아니라 교내 치어리딩 팀, 응원단과 관객들까지 모두가 함께하는 축제처럼 진행되기 때문에 각 운동부 소속의 타이센 학생들은 대학을 포함한 지역사회 전반의 스포츠 참여 문화와 저변 확대에도 크게 기여하고 있는 셈이다.

한국과 다른, 일본의 대학생 I -
학점보다 코뮤력

    츠쿠바에 오기 전까지는 사회의 여러 영역에서 공통분모가 큰 두 나라이니만큼 막연히 한국과 일본의 대학 문화는 비슷한 점이 더 많지 않을까 짐작했었지만, 막상 내가 만난 일본 대학생들의 일상은 나의 예상과는 크게 달랐다. 눈에 띄는 가장 큰 차이점은 대부분의 학생들이 상대적으로 학점 관리 혹은 스펙 쌓기용 자격증 취득보다는 아르바이트와 서클 활동에 열중한다는 점이다.

    그 이유는 기본적으로 청년층의 높은 국내 취업률과, 우리나라와는 사뭇 다른 기업의 채용 기준 때문이다. 문부과학성과 후생노동성의 조사에 따르면 2023년 4월 기준 대졸자의 취업률은 97.3%이었다. 대다수의 기업들이 신입사원에게 요구하는 자질은 다름 아닌 '코뮤력(コミュ力)'이다.

    다소 생소하게 들리지만 이는 '커뮤니케이션 능력'의 줄임말로, 일반적으로는 집단 내에서 협조를 통해 인간관계를 원활하게 구축하고 목표를 달성하는 사회적 기술을 의미한다. 실제로 일본경제단체연합회가 실시한 기업의 채용에 관한 설문조사에서「전형에 있어서 특히 중시한 점」을 묻는 질문에 「커뮤니케이션 능력」이라는 응답이 15년 연속으로 1위를 차지했다.

    대학에서 보내는 4년의 시간 동안 학생이 본인의 커뮤력을 입증할 수 있는 가장 큰 지표는 학점이나 영어 성적보다는 '바이토(バイト, 아르바이트의 줄임말) 경력'이다. 설령 경제적으로 넉넉해 부모님으로부터 학비나 집세를 지원받더라

도, 아르바이트로 본인의 생활비 정도는 충당하는 것이 당연하다는 사회적 인식이 널리 퍼져 있다. 츠쿠바와 같이 대학을 중심으로 상권이 형성된 지역에서는 특히 이러한 대학생들의 노동력에 많은 부분을 의지한다. 츠쿠바시가 속한 이바라키현의 경우 최저임금은 시간당 953엔으로 한국에 비교해 낮은 편이지만, 업무 강도와 근무 시간에 따라 시급이 크게 달라지기 때문에 평균적으로는 약 1,210 엔인 것으로 조사되었나(2024년 1월 기준).

일반적인 아르바이트 장소는 상대적으로 업무가 단순해 외국인 유학생에게도 선호되는 편의점에서부터, 손님들의 갑작스러운 요구나 클레임에도 순발력 있게 대응해야 음식점이나 이자카야의 홀 서빙에 이르기까지 다양하다. 그 중에는 노동 강도에 비해 시급이 터무니없이 낮다, 사장님의 잔소리가 심하다 등등의 이유로 소위 블랙리스트(?)에 오른 가게들도 있다. 그래서 신입생들은 입학 후 한동안 알음알음으로 정보를 공유해 자신이 일할 가게들을 직접 찾아 나서거나, 선배들로부터 근무 조건이 좋은 아르바이트 자리를 물려받기도 한다.

그러나 최근 들어서는 일본 기업들 사이에서도 글로벌 경쟁력이 강조되며 아르바이트 시간을 줄이고 자기계발 또는 어학 공부에 시간을 투자하는 학생들도 늘어나는 추세다. 대다수가 대학 졸업 전에 취업 내정을 받기 때문에 본인이 원하는 직장에 들어가기 위해서 4학년부터는 일반적인 아르바이트 대신 관련 직종의 인턴을 지원해 학업과 병행하는 경우가 많다.

내가 만난 일본의 대학생들은 아르바이트를 하는 이유에 대해 "사회생활에 필요한 여러 가지 말투나 태도를 익힐 수 있다", "학교를 벗어나 다양한 사람들과 관계를 맺을 수 있다", "근무지 내에서 다양한 역할을 경험해보며 스스로의 적성을 찾을 수 있다" 등등으로 답했다. 특히 그중에서도 인상 깊었던 것은 "주문받는 법도 몰랐던 실수투성이 신입에서 시작해 경력이 쌓일수록 인정을 받아 이제는 후배들에게 직접 일을 가르칠 정도로 어엿한 이치닌마에(一人前, 한 사람 몫)가 되었다" 라는 말이었다. 이전에는 미처 깨닫지 못했지만, 이러한 이야기들은 아르바이트란 단순히 경제적 자립을 위해서만이 아니라 한 사람의 어른으로 성장하는 데 퍽 유용한 경험이라는 생각이 들게 했다.

한국과 다른, 일본의 대학생 II -
대학 생활의 꽃, 서클

수업과 아르바이트를 제외한 시간에 대학생들이 많은 시간을 할애하는 것은 다름 아닌 서클 활동이다. 일본의 대학생들은 신입생때부터 다양한 서클에 가입해 활동한다. 서클의 종류는 연극, 애니메이션에서부터 전통문화연구, 로봇 공학에 이르기까지 다종다양하다. 츠쿠바대학에 정식 과외활동 단체로 등록된 서클의 수는 134개이며(문화계 33개, 체육계 71개, 예술계 30개) 그 중에서도 운동과 관련된 서클은 71개에 이른다. 매년 4월 학기가 시작되면 신입생을 모집하기 위한 각 서클들의 치열한 경쟁이 시작된다.

도일 후 첫 학기였던 2022년도 가을에는 대부분의 서클들이 코로나로 인해 그동안 중단되었던 대면 활동을 재개하기 시작했다. 규율이 엄격한 부카츠와 달리 훈련 참여 등에 강제성이 없고 선후배 간의 분위기도 상대적으로 자유로운 서클이지만, 그 열정만큼은 누구에게도 지지 않을뿐더러 그 수준도 상당히 높다.

특히 운동 계열 서클의 경우, 중고등학교 시절부터 해당 종목의 부카츠를 통해 실력을 갈고닦은 학생들이 적지 않다. 때문에 학창 시절 교내 운동부의 주전으로 활약하거나 전국대회에 출전할 정도로 뛰어난 선수였음에도 체육이 아닌 다른 전공을 선택해 대학에 진학하는 경우를 드물지 않게 볼 수 있다. 물론 중고등학교 때의 부카츠와 다른 종목의 서클에 가입해 이른바 전향을 하는 학생들도 많다. 일본 대학의 운동 서클은 이러한 선수 출신의 '케켄샤(経験者, 경험자)'와 '쇼

신샤(初心者, 초보자)'가 함께 만들어나간다.

서클마다 훈련 강도나 실력, 분위기 등이 천차만별이기 때문에 신입생들은 입학 직후의 모집 기간에 여러 서클을 돌아가며 체험해본 뒤 최종적으로 가입할 곳을 고르게 된다. 내가 활동했던 테니스 서클을 일례로 들면, 학기 중에는 주 2회의 아침 훈련과 토요일 오전의 정규 훈련이 이루어지며, 봄과 여름 방학에는 교내 공식 대회를 대비해 각각 4박 5일간의 전지훈련 형태의 합숙을 실시한다. 교내 서클 간 친선 교류전이나, 매년 개최되는 국공립대학연맹전과 같이 다른 대학교의 서클들과의 단체전도 주요 행사 중 하나다.

개인적으로 가장 놀라웠던 점은 학생들에 의해 자율적이고 체계적으로 운영되는 서클의 시스템이다. 평소에는 주로 선수 출신의 학생들이 부카츠에서의 경험을 살려 훈련 프로그램을 운영하고 초보자나 신입생들을 가르치지만, 합숙과 같은 전지훈련 기간에는 본인이 연마하고 싶은 기술을 중심으로 멤버 전원이 그룹별 토의를 통해 지도안을 사전에 작성한다. 이 과정에서 선배들이 작성한 과거의 지도안을 참고하기도 하고, 유튜브나 SNS에 업로드된 선수들의 영상을 활용하는 경우도 있다.

운동 서클인 만큼 실력이 뛰어난 소수의 학생들만이 활약하고 주목받을 것이

라는 고정관념도 사실과 다르다. 마치 학급에서의 '1인 1역할'과 같이 모두가 경기를 뛰는 선수이면서 동시에 각자에게 서클 내의 행사기획, 회계, 홍보 등 행정적인 역할이 주어지기 때문에 소외되는 일 없이 저마다의 자리에서 팀에 기여할 수 있다.

대부분의 운동 서클에서는 학생들이 3학년 2학기를 마지막으로 은퇴 경기를 치르고 이후로는 취업 준비에 전념한다. 아르바이트 경력과 마찬가

지로 서클에서의 활동 역시 취업 과정에서 중요한 디딤돌로 여겨진다. 이 경우에는 해당 서클 내에서 본인이 맡은 역할과 그 역할을 수행하며 무엇을 느꼈는지를 지원 직무와 관련해 중점적으로 내세운다.

특히 운동 계열 서클은 '예의가 바르다', '체력과 정신력이 강하다' '팀워크와 단체 생활에 더 적극적이다'와 같은 인식이 있어 취업 시장에서 선호되기도 한다. 서클의 졸업생들이 모교를 방문해 OB전과 함께 커리어 설명회 등의 형태로 학부생들에게 유용한 취업 정보를 직접 소개하는 경우도 많다.

코트 안팎에서 함께 울고 웃던 학생들은 전공이나 진로는 모두 제각각이었지만 테니스를 향한 열의와 애정으로 견고한 연대감을 쌓아 올리고 있었다. 그리고 그것이 가능한 것은 신체활동에 대한 학창시절의 긍정적 경험과, 이를 지속적으로 뒷받침해줄 수 있는 교육기관 및 지역 사회의 생활체육 인프라 덕분이다. 대학 내에만 곳곳에 20여 면의 테니스 코트가 있고, 시에서 운영하는 외부 코트 역시 저렴한 비용으로 예약해 이용할 수 있다. 이는 테니스뿐만 아니라 축구, 농구, 배구, 배드민턴 등 다른 종목들 역시 마찬가지다.

산호초에서 유빙까지

    만 사천여 개의 섬으로 이루어진 일본 열도는 남북으로 약 3,000km에 걸쳐 길게 뻗어 있어 아열대에서 온대, 냉온대, 아한대까지 기후대가 다양하다. 단적인 예로 오키나와에서는 평균적으로 1월 중순인 벚꽃의 개화 시기가, 홋카이도에서는 5월 무렵일 정도로 기온 차이가 크다.

    일본 정부에서는 국내의 자연환경을 보호함과 동시에 그 이용의 증진을 도모할 목적으로 자연공원 제도를 실시하고 있다. 관련법에 근거해 각 지역은 규모와 관리 주체에 따라 국립공원, 국정공원과 도도부현립 자연공원으로 분류된다.

    현재 일본 내 국립공원은 34곳, 국정공원은 58곳, 도도부현립 자연공원은 310곳으로 전체 자연공원의 면적은 국토의 약 15%를 차지한다. 지난 2016년부터는 「국립공원 만끽 프로젝트」를 통해 민간단체 등과 연계하여 지역 고유의 체험가치를 발굴하고 국내외 관광객을 유치해 지역경제를 활성화시키기 위한 노력이 계속되고 있다.

    실제로 여러 지방의 자연공원을 방문해 보면, 국가나 지자체 차원에서 관리와 홍보에 많은 예산과 인력을 투입하고 있다는 인상을 받게 된다. 그중에서도 두드러지는 것은 지역 환경의 특색에 따라 트래킹, 카누, 스키, 스쿠버 다이빙과 같은 스포츠나 낚시와 캠핑 등 다채로운 아웃도어 액티비티 인프라가 촘촘히 구축되어 있는 부분이다.

    이러한 야외 활동을 즐기는 인구의 연령대가 폭넓은 점도 눈길을 끈다. 특히 60대 이상 고령자를 대상으로 하는 별도의 체험 프로그램이 여행 상품으로 다양하게 마련되어 있어, 노년층의 건강한 신체 문화 향유가 점차 주요한 사회적 과제로 떠오르고 있는 우리나라에서도 참고로 할 부분이라고 여겨진다.

우리나라에 비해 전 국토의 지리적인 자연환경이 다양하다 보니 학교에서도 지역별 특색에 따라 다양한 야외 수업이 이루어지고 있다. 문부과학성은 고등학교 보건체육과의 「학습지도요령」을 통해 학교의 체육수업에서 캠핑, 등산, 수변활동 등의 '야외활동'을 가르치도록 명시하고 있다. 가령 강설량이 많고 겨울이 긴 홋카이도와 같은 지역에서는 자연스레 일과 시간을 활용해 전체 학생을 대상으로 스키나 스케이트같은 수업이 진행된다.

일본 국토의 총 면적은 약 38만㎢로 비슷한 면적의 다른 나라들에 비해 지역에 따른 식물·동물상이 풍부하고 대륙과 단절된 섬이라는 특성상 고유종의 비율이 높다. 자연공원의 방문객들은 야생 여우나 사슴, 원숭이 등을 어렵지 않게 만날 수 있다.

대부분의 야생 동물들은 사람을 피하거나 별다른 해를 끼치지 않지만, 곰만은 각별히 주의해야 한다. 일본 환경성의 발표에 따르면 서식지가 파괴되며 먹이가 부족해 민가로 내려온 곰에 의한 인적 피해가 지난 2023년에는 역대 최대치를 기록했다. 만약 곰의 출몰 정보가 있는 지역을 방문할 예정이라면 곰의 행동이 활발한 시간대의 단독 행동을 피하고 방울, 피리, 라디오 등 인기척을 낼 수 있는 물품을 반드시 지니도록 하자.

문단속의 중요성

흔히 불의 고리라고 불리는 환태평양조산대에 속해 있는 탓에 일본 각지에서는 화산 활동이 활발하다. 일본국토기술연구센터의 최근 조사에 따르면, 지금도 활발하게 활동 중인 화산은 전국적으로 111개에 이른다. 그 중에서도 유명한 곳은 가고시마현의 사쿠라지마(桜島)로, 하루에도 몇 번씩 화산재를 분출하는 온타케(御岳)산이 있어 불과 3km 거리의 전망대에서 이를 실시간으로 보기 위해 매년 많은 관광객들이 찾고 있다. 화산지대는 자연재해의 위험성이 크지만, 동시에 온천을 비롯한 관광업과 지열발전 같은 신재생에너지 사업과 연구도 활발하게 이루어진다는 점에서 긍정적인 측면도 공존한다.

활발한 화산 활동과 더불어 지진 역시 일본 내에서는 자주 접하게 되는 대표적인 자연재해인데, 츠쿠바대학이 있는 이바라키현 역시 일본 내에서 지진이 자주 발생하는 지역 중 하나다. 실제로 내가 오기 몇 달 전에는 큰 지진으로 기숙사 전체가 정전되어 모든 학생들이 건물 밖으로 대피하는 사건도 있었다고 한다. 그러나 인간의 적응력이란 여러모로 편리해서, 나를 비롯해 처음 몇 달 동안은 작은 지진에도 불안해하던 다른 교원연수생들도 1~2주에 한 번꼴로 이를 경험하다 보니 이내 웬만한 흔들림에는 눈 하나 깜짝하지 않게 되었다.

신카이 마코토 감독의 《스즈메의 문단속》은 2011년 3월에 일어난 동일본 대지진을 소재로 한 장편 애니메이션이다. 아마 지진을 경험해 본 사람이라면 영화에서 묘사하는 자연재해의 공포와 그로 인한 상실, 고통의 맥락에 더욱 깊이 공감할 수 있을 것이다. 현지에서도 이 작품은 세대를 막론하고 큰 인기를 끌어, 이

영화를 계기로 아직까지도 계속되고 있는 피해자들의 트라우마가 다시금 주목받는 계기가 되었다.

일본인들에게 자연재해는 벗어나거나 거스를 수 없는 삶의 조건으로 받아들여진다. 그래서 일본의 학교에서 이루어지는 재난안전교육은 단지 재해 발생 시의 행동 수칙을 익히는 것에 그치지 않고 보다 실제적이고 구체적인 변화를 이끌어내는 방향으로 전개된다. 재난이 발생했을 때 상황별로 자체 대피로를 설정하거나 식량 확보 방법과 관련해 가족 단위의 방재 계획서를 작성하는 활동이 대표적이다. 학생 자신이 직접 재난 상황의 주인공이 되어 보는 '재난 소설 쓰기', '재난 영화 제작'과 같은 활동도 활발히 이루어지고 있다.

재난 발생 시의 대처 교육만큼이나 중요시되는 것은 재난으로 인한 피해를 올바른 애도를 통해 극복하고 공동체 차원에서 상처를 치유하는 방법을 배우는 일이다. 1995년의 고베 대지진 이후 해당 지역의 고등학생들이 피해 지역으로 현장학습을 떠나 직접 파괴된 현장을 목격하고, 지역 주민과의 인터뷰를 진행했던 것은 하나의 좋은 사례다.

이후 학생들은 그 경험을 에세이로 작성하거나 연극 공연, 바자회 등을 열어 수익금을 피해 지역에 기부하는 활동을 일 년에 걸쳐 진행했다. 이러한 활동이 의미 있는 이유는 단지 일회성의 보여주기식 체험에 그치는 것이 아니라 직접적인 대면을 통해 지역 사회와 지속적으로 연결될 수 있기 때문이다.

츠쿠바에서의 두 번째 학기가 끝나갈 무렵 다이고(大子)마을의 나마세(生瀬) 중학교로 참관을 갔을 때의 일이다. 마침 그날은 여름방학을 앞두고 전교생이 모여 교내의 화단에 해바라기 씨앗을 심는 날이었다. 왜 하필 해바라기일까, 하고 궁금해하는 우리들에게 교감 선생님이 '하루카 해바라기 인연 프로젝트'의 유래를 설명해 주었다.

고베 대지진으로 당시 희생된 열한 살 소녀 하루카의 무너진 집터에서 그해 여름 해바라기가 피어나자, 남은 가족들과 동네 주민들은 하루카의 넋을 기리고 생존자들을 응원하는 의미에서 그 해바라기를 고베시 곳곳에 옮겨심기로 했다.

이 프로젝트는 2011년 동일본 대지진을 계기로 활동 이념이 명문화되어 재해 지역뿐만 아니라 개인, 단체, 교육기관, 사회시설 등 희망하는 전국의 지역 공동체로부터 신청을 받아 하루카 해바라기 씨앗을 무료로 배포하고 있다.

연대와 공감을 확대하는 의미에서 각 지역에서 수확한 씨앗의 일부는 그 꽃이 자란 장소의 모습과 어떤 사람들이 어떤 마음으로 키웠는지와 같은 정보와 함께 또다시 다른 지역으로 전해진다. 최근에는 우크라이나 전쟁 지역과 2024년 노토반도 지진 피해 지역에도 하루카 해바라기의 씨앗이 전달되어 심어졌다.

나마세 중학교의 교사인 K씨는 "씨앗을 직접 심는 활동을 통해 학생들은 자연의 순환과 더불어 고통 속에서도 희망을 잃지 않는 용기의 중요성을 배우게 된다"고 말했다. 이처럼 학교에서 단지 자연재해의 위험성을 일깨우는 것뿐만 아니라 학생들이 자신의 손으로 그 상처를 돌보도록 하는 교육은 그 뒤로도 오래오래 깊은 인상으로 남았다.

《스즈메의 문단속》에서 열쇠는 문을 열기 위해서가 아니라 잠그기 위해 존재한다. 과거의 아픔을 피하거나 잊지 않고 기억해 매듭짓는 행위, 즉 '제대로 닫는 것'이 치유와 재건을 위해 반드시 필요한 과정이라는 것이다. 이는 우리나라의 교육 현장에서도 깊이 고민해 볼 일이다.

와비·사비(侘び·寂び)의 문화

간소한 가운데 깃들인 한적한 정취를 뜻하는 '와비·사비(侘び·寂び)'라는 일본어 표현이 있다. 본래 다도에서 유래한 전통적인 미의식으로, 지나친 호화로움보다는 소박함과 차분함을 기조로 한 불완전함에서 아름다움을 느낀다는 의미다.

이러한 문화적 영향 때문인지 일본 사회에서는 여전히 많은 부분이 아날로그적이다. 무엇보다 행정적인 절차에 있어서는 비효율적이고 불편하다고 느껴질 만큼 한국과는 다른 부분이 많아 주의해야 한다. 이러한 경향은 도심을 벗어나 지방 소도시로 갈수록 강한데, 그나마 2020 도쿄 올림픽 이후 카드 결제가 가능해진 식당들이 많이 늘어난 편이라고.

외국인의 시선에서 또 하나의 흥미로운 전통은 의복과 관련된 문화다. 일본인들은 연령대와 관계없이 공적인 행사나 여행지에서 전통 의상인 기모노를 즐겨 입는다. 특히 여성의 경우 성인식에서는 소매가 길고 화려한 '후리소데(振袖)'를, 대학교 졸업식에서는 '하카마(はかま)'라는 예복을 입는 것이 일반적이다. 물론 전통적인 예식용 기모노는 가격대가 상당히 높아 구입하는 대신 가게에서 대여하거나 어머니나 할머니로부터 물려받는 경우가 많다.

여름용 기모노인 유카타는 상대적으로 형식에 구애받지 않고 가볍게 입을 수 있어 '마츠리(祭り, 축제)'를 즐기기 위해 빠지지 않고 등장하는 주요 소재다. 각 지역에서는 계절별로 연중 크고 작은 마츠리가 다양한 주제로 열리는데, 고장의 전통춤·노래와 함께 야타이(屋台, 포장마차)에서 주전부리도 함께 즐길 수 있다.

이바라키현 내에서는 관동 지방의 3대 축제 중 하나인 이시오카(石岡) 마츠리가 가장 유명하다. 츠쿠바 대학생이라면 멀리까지 가지 않더라도 5월의 기숙사 축제인 야도카리(宿狩り) 마츠리나, 모든 학생이 참여하는 11월의 대학 축제인 소호사이(雙峰祭)가 있다.

일본 식문화의 즐거움 중 하나로는 지역별로 다양한 특산물을 활용한 각 지방의 대표 향토 음식을 빼놓을 수 없다. 일본의 국도를 따라 여행하다 보면 우리나라의 휴게소에 해당하는 '미치노에키(道の駅)'를 들르게 되는데, 이곳에서는 지역에 따라 색다른 식재료나 특산품을 저렴한 가격으로 판매한다.

내가 가장 좋아하고 추천하는 향토 음식 '오야키'는 양념한 야채를 밀가루 또는 메밀 반죽으로 싸서 굽거나 쪄서 만드는 만두와 비슷한 요리다. 원래는 동절기에 벼농사가 어려운 나가노 북부 지방에서 식사 대용으로 먹던 가정식이었지만 현재는 나가노를 대표하는 명물로 여겨지고 있다.

각 지역을 대표하는 술인 지자케(地酒) 양조장을 직접 방문해 보는 것도 좋다. 대부분의 양조장에서는 여러 종류의 술을 시음한 뒤 구입할 수 있고, 술을 빚는 과정을 보거나 체험할 수 있는 투어 프로그램을 운영하는 곳도 많다.

가장 기억에 남는 양조장은 교토 인근의 작은 어촌 마을인 이네후나야에 있다. 1754년 개업한 무카이 주조(酒造)는 이색적인 주변 풍경과 함께 무카이 쿠니코 씨가 교토지역 최초로 여성 주조장을 맡고 있어 이름이 알려져 있다. 이곳에서

가장 유명한 술은 붉은쌀로 빚은 '이네 만카이(滿開)'로, 보통의 일본술과 달리 상큼한 맛에 색이 아름다워 인기가 많다.

처음 타국살이를 시작하는 외국인은 그 나라의 국민성에 대해 일반화의 유혹에 빠지기 쉽다. 그러나 같은 일본 내에서도 지역마다 고유한 결이 존재하는 만큼 '일본인은 모두 이러이러하다'라고 한 문장으로 정의 내리는 것은 큰 의미가 없다. 우리나라와 마찬가지로 일본인들 사이에서도 전국 각지에서 모인 학생들의 출신지 별 밈이나 사투리는 재미있는 대화의 주제이자 농담의 소재다.

뚜렷한 지역색을 관광 자원으로 활용하고 있는 일본이지만, 노동 인구의 유출로 인한 지방 소멸 위기는 한국과 마찬가지다. 이를 극복하고 세수 부족 문제를 해결하기 위해 일본 정부는 2008년부터 '후루사토(古里) 납세제'를 도입하고 있다. 태어난 고향 또는 본인이 응원하고 싶은 지역을 자유롭게 선택해 일정 금액의 기부를 하면 답례품과 함께 다음 연도의 세금을 공제받는 제도다. 각 지자체마다 주력으로 삼는 답례품은 농·수산물과 같은 식재료에서부터 여행지의 숙박권까지 다양한데, 매년 조사 순위에서 상위권을 차지하는 곳은 역시 식도락과 관광으로 유명한 홋카이도의 도시들이라는 점도 재미있다.

Unpack,
교사 셋 파견행

PART 3

일본행 8호:
츠쿠바대학교 파견
3세트

매치 포인트
(Match Point)

체육교원 양성 커리큘럼 : 현장과의 대화

츠쿠바대학의 체육전문학군 신입생의 모집 정원은 240명으로, 이는 다른 학부와 비교해 상당히 큰 규모다. 이들은 학년이 올라감에 따라 자신의 흥미와 적성에 따라 건강체력학, 체육·스포츠학, 코칭학 중 하나를 주요 전공으로 선택해 학점을 이수하게 된다.

건강체력학은 주요 자연과학적 방법을 이용하는 연구 분야이며, 운동 생리학·운동 영양학·스포츠 의학·측정평가학 등이 여기에 속한다. 체육·스포츠학은 인문사회과학적 연구 분야로 스포츠 인류학·스포츠 사회학·스포츠 경영학·스포츠 심리학·스포츠 정책학·체육과 교육학 등을 포함한다. 코칭학의 하위 영역으로는 운동 및 지도 방법에 대해 연구하는 종목별 코칭론·트레이닝학 등이 있다.

3학년이 되면 그때까지의 전문 기초 과목 및 전문 기초 공통 연습의 이수 경험을 거쳐, 각자의 흥미와 관심에 따라 이 세 분야의 하위 39개의 연구 영역 중 하나를 소속 연구실로 선택해 보다 전문적인 학습을 진행한다. 각 연구실의 세부 영역의 수에서 알 수 있듯이 졸업생들의 진로는 체육 교사 이외에도 공무원·코치·사기업·학계 등으로 매우 다양하다.

그중에서도 특히 체육교원이 되기를 희망하는 학생들은 2학년 때부터 학과 내에 개설된 이론과 실기 교직 수업을 이수해야 한다. 각 지역별로 체육교원의 임용 전형 및 세부 내용은 다르지만, 이를 통해 자신의 전공 외에도 학교 현장에서 공통적으로 요구되는 여러 가지 종목의 지도법에 대해 배우게 된다.

3학년 때는 체육수업의 조직적 관찰법, 영상 정보의 수집, 처리 방법, 학습 성과의 평가법 및 집단 모의 수업을 통해 체육수업을 계획·관찰·평가하는 방법을 배운다. 특히 봄 학기에 개강하는 〈체육수업 관찰·분석법 연습〉에서는, 체육교과의 모의 수업을 대학원생이나 다른 대학의 학생·원생, 현직 교원과 함께 계획하고, 수업을 실시 및 성찰하는 기회를 가진다.

4학년이 되면 본인의 연구 디자인을 검토하고, 교내 교원 양성 프로그램(모의 수업)의 성과 검증을 하게 된다. 때로는 연구실과 연구 협력 관계에 있는 현직 교원 또는 연구교(일반적으로는 츠쿠바 부속 초·중·고등학교)와 연계하여, 실제 현장에서 이루어지는 수업을 대상으로 졸업 연구를 진행하기도 한다.

2023학년도의 봄 학기에는 다른 학부생 및 대학원생들과 함께 체육수업 관찰·분석법 연습 수업에 함께 참여할 수 있었다. 한 학기에 걸쳐 특정 종목의 차시별 지도안을 작성하고 교사와 학생 역할을 번갈아 맡는 과정은 한국에서의 일반적인 교직 수업과 동일히지만, 각 조에 멘토 역할로 편성된 석사와 박사 대학원생들이 학부생들에게 보다 자세한 피드백을 제공함으로써 과제의 완성도를 높이게 된다.

최종 모의 수업 시연은 종강 후 여름방학 중에 이루어진다. 지도교수와 강의를 수강하는 학생들뿐 아니라 현직 교원이나 타 대학의 연구자 등 외부인들도 방문해 참관할 수 있도록 하기 위해서다. 특히 주목할 만한 부분은 학생들이 참관록 대신 태블릿 PC를 배부받아 체육수업 분석용 앱을 사용해 교사의 지도·관리 시간, 학생의 실제학습시간(ALT-PE)을 비롯해 피드백의 종류와 횟수 등을 실시간으로 기록하는 과정이었다. 실제로 사용해본 결과, 기록 후에도 항목별 집계 결과 그래프가 PDF 보고서로 자동 생성되어 한 눈에 수업의 흐름을 파악하기에 상당히 유용했다.

교원 양성 커리큘럼의 대략적인 흐름을 통해 알 수 있듯 대학에서의 연구는 학교 현장과 유리되지 않으며, 구성원들 간의 지속적인 소통과 상호교류를 무엇보다 중시한다. 이외에도 츠쿠바대학과 부속 초·중·고등학교를 포함한 네 개의 학교는 '사교연(四校研)'이라는 이름으로 매년 공동연구회를 개최해 교육 내용 및 방법 차원의 일관성뿐만 아니라 학교 경영이나 학사 제휴, 나아가 커리큘럼 개발

등 다방면에 걸친 일관교육(一貫教育)을 도모하고 있다.

일본에서 최근 교육계의 가장 큰 화두는 '코로나 이후의 α세대(스마트폰이 대중화된 이후에 태어난 2010년부터 2025년까지 태어난 세대)를 어떻게 가르칠 것인가?'이다. 자기중심적이고 불합리한 요구를 하는 학부모를 뜻하는 이른바 '몬스터 패어런츠(Monster parents)'의 대두, 다문화 가정의 증가와 외국인 아동의 부적응, 공교육에 대한 신뢰 상실로 인한 교실 붕괴가 진행되는 가운데 2023년에는 등교 거부 학생이 역대 최고치인 30만 명이라는 역대 최고치를 기록하기도 했다. 이처럼 학교 교육이 직면한 과제를 여러 층위에서 모색하고 해결하기 위한 각 학교급 사이의 적극적인 대화와 협력이 그 어느 때보다 요구되는 시점이다.

일본의 체육 수업-
수영과 무도(武道)는 필수

츠쿠바대학에 파견된 일 년 반의 기간동안 교원연수생들은 수시로 일본 현지 학교를 방문하고 실제 수업을 참관할 기회를 가지게 된다. 여기에는 츠쿠바대학 부속 초·중·고등학교뿐만 아니라 사립학교, 국제학교, 분교, 특수학교 등 다양한 형태의 학교들이 포함된다.

일본의 문부과학성은 전국의 모든 학교에서 일정한 교육 수준이 유지되도록 교과서 작성기준과 교과서의 검정기준이 되는 「학습지도요령」을 약 10년마다 개정해 고시하고 있다. 중고등학교의 체육 수업 역시 이러한 「학습지도요령」에 근거해 이루어진다.

참관을 통해 간접적으로 경험한 일본의 학교체육은 한국과 마찬가지로 학생들이 평생에 걸쳐 심신의 건강을 유지·증진할 수 있도록 기본적인 자질 및 능력을 기르는 데 주안점을 두고 있었다. 특히 코로나19 이후 모든 학생에게 크롬북과 같은 태블릿 PC를 배부하여 체육수업에서도 이를 적극적으로 활용하려는 모습이 눈에 띄었다.

우리나라의 교육과정과 크게 다른 부분은 대부분의 중학교에서 수영과 무도(武道)교육을 필수적으로 실시하고 있다는 점이다. 1955년의 시운마루호 침몰 사건을 계기로 수난사고 방지 교육에 대한 필요성이 제기되었으며, 1964년 도쿄올림픽을 앞두고 일본 정부는 보조금을 지급하여 공립 학교의 수영장 설치를 장려하였다. 2018년 기준 교내 옥외 수영장 설치 비율은 초등학교가 94%, 중학교는 73%에 이른다.

　문부과학성의 학교체육 실기 지도 자료에서는 수영 종목의 특징에 대해 다음과 같이 제시하고 있다.

　수영 종목은 '물속에서 운동한다'는 점에서 육상에서의 다른 운동과 다르다는 것을 이해하는 것이 중요하다. 특히 물의 물리적 특성을 이해함으로써 '수영계에서 요구되는 신체 능력을 익히기, 수중에서의 안전에 관한 지적인 발달을 촉진하기, 수난사고를 사전에 방지하는 논리적 사고력 기르기'의 학습에 주안점을 둔다.

　학교 현장에서 수영 실기 수업은 연령과 발달 단계에 따라 ①물과 친해지기 · 물놀이 · ②초보적인 수영 · ③영법의 크게 3단계로 발전해 나가며, 시기적으로는 여름방학 직전에 집중적으로 실시된다.

　물론 이와 같은 수영 수업 의무화에 대해 긍정적인 의견만 있는 것은 아니다. 대부분의 옥외 수영장이 설치된 지 50년 이상이 경과함에 따라 노후화된 시설을 각 학교에서 유지·관리하는 데 드는 부담이 점점 늘어나는 실정이다. 이에 기존 시설을 보수하기보다 아예 수영장 자체를 폐쇄하는 학교도 늘어나고 있다. 실제로 문부과학성의 스포츠청이 2023년 5월 새롭게 발표한 '체육·스포츠 시설 현황 조사 보고'에 따르면 초등학교 옥외 수영장의 설치율은 87%, 중학교는 65%로 코로나19 이후 그 비율이 크게 감소한 사실을 확인할 수 있다.

　또 폭우나 폭염 등의 날씨에는 수업이 어려운 점, 개별적인 지도나 남녀분반이 어려운 환경, 교원의 지도 전문성 부족 등도 주요 개선 사항으로 지적된다. 학생과 학부모들은 '학교의 옥외 수영장이 제대로 관리되고 있지 않아 위생이 염려된다', '영법보다는 갑작스럽게 물에 빠졌을 때를 대비해 착의(着衣) 수영 위주의 교육이 필요하다', '지도 교원 당 학생 수가 많아 안전 지도가 제대로 이루어지지 않는다' 등 비판의 목소리를 내고 있다.

　이러한 문제를 해결하기 위해 최근에는 교내 수영장이 아닌 지역 내 스포츠 인프라를 활용하는 사례가 늘어나고 있다. 민간에서 운영하는 실내 온수 수영장의 경우 계절이나 날씨에 구애받지 않고 수업을 진행할 수 있으며, 상주하는 전문

강사의 지도로 안전이 확보되는 등 장점이 크다.

중학교 1, 2학년의 무도 영역 필수화는 2012년도부터 시작되었다. 그 배경에는 크게 유도, 검도, 스모와 같은 전통 문화에 대한 자부심을 갖도록 하고, 정신 수양과 예법의 실천을 통해 올바른 인격 형성 교육을 실시한다는 목적이 자리 잡고 있다.

무도 교육 필수화를 앞두고 문부교육성은 교원의 부담 경감과 학생의 안전 확보를 위해 제반 조건의 정비 및 점검을 실시했다. 여기에는 지역 스포츠 인재(외부 지도자) 활용, 교원 대상 강습회 개최, 무도장 정비 교부금 지급, 지도와 관련 안전 관리 자료 배포 등이 포함되었으며, 이후 전국 중학교의 무도장 보유 비율은 증가해 현재는 50% 이상에 달한다.

학교 참관과 학회, 수업연구회 등을 통해 일본의 여러 체육 교사 및 교육 관계자들과 대회를 나누며 알게 된 사실은, 양국의 체육수업이 여러모로 비슷해 보이지만 분명한 차이점도 있다는 것이다. 서로의 긍정적인 사례를 적극적으로 공유하고 연구한다면, 큰 정책적 방향성을 마련하거나 현장에 실질적으로 적용하는 데 있어 분명 참고할 부분이 많을 것이라는 생각을 하게 되었다.

일본의 운동부 - 부카츠 : 평생체육의 넓이와 깊이

학교에서 이루어지는 교육과정 내 체육수업과는 별도로, 일본의 학생들이 지속적이고 규칙적인 신체활동을 하는 데 크게 기여하는 것은 운동부 활동, 이른바 부카츠(部活動)다. 한국에서의 학교운동부는 대개 운동선수로서의 진로를 희망하는 학생들로 구성되어 있지만, 일본에서는 학교 교육의 일환이자 스포츠에 흥미와 관심이 있는 학생이라면 누구나 참여 가능한 시스템이기 때문에 우리나라의 학교스포츠클럽과 그 취지가 더 유사하다.

문부과학성은 학교에서의 부카츠에 대해 '체력이나 기능의 향상을 도모하는 목적 이외에도, 다른 연령과의 교류를 통해 학생끼리 또는 학생과 교사 등 바람직한 인간관계의 구축을 도모하거나, 학습 의욕의 향상 또는 자기 긍정감, 책임감, 연대감의 함양을 돕는 등 다양한 배움의 장으로서 교육적 의의가 크다'고 명시하고 있다.

교육과정 외 체육활동이라는 점은 동일하지만, 우리나라의 학교운동부 또는 학교스포츠클럽과 가장 두드러지는 차이점은 우선 학생들의 참여율이다. 문부과학성의 발표에 따르면 2016년 기준 전국 중학생의 부카츠 참여 비율은 전체의 65.2%, 고등학생은 41.9%에 달한다(남중생 75.1%, 여중생 54.9%, 남고생 56.4%, 여고생 27.1%). 이 수치는 지난 2012년 이후 크게 변하지 않고 있다.

참여 시간 측면에서도 학교스포츠클럽과는 차이가 크다. 스포츠청의 「전국 체

력·운동능력 및 운동 습관의 조사(2016)」에 따르면 중학생의 경우 평일에는 매일 평균 114분, 휴일은 평균 185분 부카츠에 참여하는 것으로 나타났다. 이는 학생들이 체육수업을 제외하고도 주말을 포함해 일주일 내내 약 2시간 이상을 학교에서 이루어지는 신체활동에 할애하고 있음을 의미한다.

물론 이는 평균적인 수치로, 지역과 학교에 따라 다양한 층위가 존재한다. 또 같은 학교 내에서도 종목에 따라 전문적인 코치의 지도 하에 강도 높은 훈련이 이루어지는 운동부가 있는 한편 지도 교사의 개입 없이 학생들끼리 자율적으로 운영되는 부카츠도 있다.

운동부마다 차이는 있지만, 일반적으로 훈련은 정규 수업이 시작되기 전인 아침 시간과 방과 후, 주말 오전의 시간대에 진행된다. 학기 중에는 각종 대회와 연습 경기, 방학 기간에는 합숙과 집중 훈련도 있다. 그러다 보니 학생들은 같은 학급의 친구들보다 운동부 동기, 선후배들과 함께 보내는 시간이 더 많다고 해도 과언이 아니다.

2023년 기준으로 일본중학교체육연맹에 가입된 운동부는 남중생 57,896개 팀, 여중생 49,806개 팀이다. 전국고등학교체육연맹에 가입된 운동부는 남고생 41,835개 팀, 여고생 35,665개 팀으로 조사되었다. 전국의 중·고등학교 수(중학교 10,208개교, 고등학교 4,791개교)를 감안하면 평균적으로 중학교의 경우 한 학교당 10.5개, 고등학교의 경우 한 학교당 16.1개의 운동부가 존재하는 셈이다.

이러한 부카츠 시스템은 우수 선수의 조기 발견과 학생들의 체력 향상에 기여하고 평생체육의 근간을 마련한다는 측면에서 긍정적인 평가를 받고 있다. 그러나 한편으로는 운동부 내 강압적인 선후배 관계와 폭력, 지나친 경쟁과 승리지상주의라는 어두운 면도 동시에 존재한다.

오래전부터 개인적으로 관심 있던 주제이니만큼 교원연수 프로그램의 마지막 학기에는 '한국과 일본의 교육과정 외 체육활동에 관한 참여자 인식 비교 및 개선책 연구'를 주제로 최종 보고서를 작성했는데, 이를 위해 일본의 대학생들을 대상으로 설문조사와 인터뷰를 실시하게 되었다.

연구에 참여한 대다수의 대학생들은 공통적으로 중·고등학교 시절의 부카츠가 지금의 자신을 있게 했다고 평가했다. 특히 단체 생활에서의 예의범절과 역할 수행의 중요성에 관해 배웠으며, 공통의 목표를 위해 힘든 훈련을 견뎌낸 과정이 성인이 된 이후에도 어려움을 극복할 수 있는 힘을 길러주었다고 답했다.

물론 모두가 좋은 추억만 가지고 있는 것은 아니었다. 무리한 연습으로 인한 부상, 부원들 사이의 갈등, 극심한 주전 경쟁 스트레스 등으로 인해 운동부를 옮기거나 심지어 그만두는 사례도 있었다. 하지만 당시에는 힘들었던 기억들까지도 지나고 보니 신체적·정신적인 성장에 도움이 되었다는 의견이 주를 이루었다.

인터뷰에서 많은 학생들은 부카츠에 대해 공통적으로 '이바쇼(居場所)'라는 표현을 사용했다. 이바쇼란 사전적인 의미로는 '거처'를 뜻하는 단어지만, 일본 사회에서는 물리적으로뿐만 아니라 심리적으로도 개인이 안심할 수 있는 장소이자 타인에게 받아들여짐으로써 스스로를 긍정적인 존재로 재확인하는 공간을 의미한다. 즉 학생들에게서 부카츠라는 이바쇼는 자신의 능력을 펼치고 활약할 수 있는 '성장의 장소'이자, 구축된 인간관계를 바탕으로 외부의 스트레스를 견뎌낼 수 있는 '피난처'로서의 이중적 기능을 담당한다.

신체활동은 개인이 바깥 세계와 소통하는 가장 직접적이고 본질적인 방식이다. 청소년기에 스포츠가 필요한 이유는 인간은 성장기에 겪는 여러 경험의 중첩으로 성숙하는 존재이기 때문이다. 스포츠라는 국면에서는 앞으로의 인생에서 학생들이 마주하게 될 다양한 경험이 응축되고 가공된 형태로 제공된다. 단순히 승리와 패배뿐만 아니라 조직 내에서의 협력, 위기관리, 갈등의 조정과 같은 이러한 삶의 기술들을 가르치기 위해서라도 향후 학교에서 교육과정 외 체육활동은 더욱 중요하게 다루어져야 한다.

일본의 학교는 **블랙 기업?**

　문무양도(文武兩道)를 추구하는 일본 근대교육의 역사와 궤를 같이해 온 운동부 시스템을 지탱하는 것은 교원들의 사명감이다. 바꾸어 말하면 현장에 있는 교원들의 희생 없이는 더 이상 현재와 같은 모습이 유지되기 어렵다는 뜻이다. 이러한 상황은 우리나라와는 사뭇 다른 교직 분위기를 포함해 사회의 전반적인 인식과 깊이 관련되어 있다.

　일본에서 '블랙기업'이란 불법·편법적인 수단을 이용해 노동자에게 비상식적이고 가혹한 노동을 강요하는 직장을 뜻한다. 권한 축소와 열악한 근무조건으로 인해 일본 내에서 공무원의 인기는 그다지 높지 않은 편인데, 그중에서도 학교는 대표적인 블랙 기업으로 통한다. 최근에는 「학교라는 블랙 기업 : 전 공립 중학 교사의 본심」이라는 책이 출간되어 많은 교사들의 공감을 얻기도 했다.

　가장 두드러지는 지표는 근무 시간이다. 실제로 전일본교직원조합의 집계에 따르면 2023년 교원의 시간 외 근무 시간은, 월 평균 96시간 10분으로, 과로사 라인(질병이나 자살 등으로 이어질 위험성이 있는 근로 시간)으로 여겨지는 월 80시간을 초과하고 있다. 전일본교직원조합에서는 이번 조사 결과에 대해 "특히 중학교 교원의 경우 월 평균 시간 외 근무 시간이 116시간 28분에 달할 정도로 심각한 수준의 장시간 노동이 일상적으로 이루어지고 있다"며 우려를 표명했다.

　특히 부카츠는 장시간 근무의 큰 요인 중 하나로 지적되며, 운동부 담당 교원은 방과 후뿐만 아니라 주말과 방학 중에도 훈련 지도와 대회 인솔을 담당해야 한다. 동일한 조사에서 중·고등학교 운동부 담당 교원의 87%가 '주말과 공휴일에 출근하고 있다'고 답했다. 문제는 이러한 부카츠 지도를 위한 방과 후의 초과 근무에 대해 별도의 수당이 지급되지 않는다는 점이다. 주말이나 공휴일에 초과 근무를 사전 신청했을 경우에만 특수 근무 수당을 받을 수 있다. 지자체마다 다르지만 일례로 도쿄도(都)에서는 주말 또는 공휴일에 3시간 이상 부카츠를 지도했을 경우에만 일액 3천엔을 지

급하고 있는데, 이는 최저임금보다 낮은 수준이다. 학교별로 평균 10개 이상의 종목별 운동부가 운영되고 있는 상황에서 본인의 의사와 관계없이 운동부를 지도해야 하는 경우도 비일비재하다. 2017년 스포츠청의 보고에 따르면 전국 중학교의 87.5%가 교원 전원이 운동부를 담당하도록 하고 있는 것으로 나타났다. 담당 교과가 체육이 아니거나 해당 종목의 경기 경험이 없더라도 관행에 의해 떠맡게 되는 교원의 수가 적지 않다는 뜻이다.

운동부 담당 경험이 있는 대다수의 교사들은 "부카츠를 통해 학생들은 정규 수업만으로는 배울 수 없는 단체 생활에서의 예절이나 연대감 등 많은 것을 배울 수 있다"고 그 필요성을 인정하고 있다. 그러나 "운동부 운영을 강제하지 않고 희망 교원에 한해 담당하도록 했으면 좋겠다"며 "현재는 부카츠 지도의 부담으로 인해 정상적인 수업 준비와 업무가 불가능한 실정"이라는 의견도 주를 이루었다. 문부과학성은 2022년 「학교 운동부 및 새로운 지역 클럽 활동의 존재 방법 등에 관한 종합적인 가이드 라인」을 새롭게 발표했다.

주요 내용은 △주당 2일 이상의 휴식일의 설정(평일 1일, 주말 1일) △사고 방지 및 체벌·괴롭힘의 근절 △외부 지도 인력 확보로 교원의 업무 부담 경감 △학교와 지역이 협동·융합한 형태로의 환경 정비 등이다. 일본 정부는 2023년부터 2025년까지의 3년간을 개혁 추진 기간으로 설정하고 부카츠의 단계적인 지역 이전과 함께 내부적으로 누적된 피로감을 해소하고 그 교육적 의의가 계승될 수 있도록 다각적인 노력을 펼치고 있다.

교사에서 학생으로, '역할 바꾸기'

　문부과학성의 교원연수생들은 총 세 학기에 걸쳐 각자 파견된 대학교에서 수업을 듣고 여러 현지 학교를 참관하게 되며, 연구보고서 작성 및 발표를 위한 개인별 연구를 진행한다. 큰 틀은 동일하지만 프로그램의 세부적인 내용과 내부 방침은 각 대학교와 전공, 지도교수별로 상이하므로 지원서 작성 과정에서부터 꼼꼼히 알아보고 지망 학교의 순위를 결정하는 것이 무엇보다 중요하다.

　도일 후 첫 학기인 10월부터 이듬해 3월까지는 공식적인 일정 없이 츠쿠바대학의 유학생 전체를 대상으로 하는 읽기·쓰기·듣기·말하기·문법·한자 등의 일본어 강의를 듣는 것이 전부다. 도일 전 실시한 온라인 레벨 테스트 성적에 따라 J1부터 J8까지의 강좌를 최대 6과목까지 선택할 수 있다.

　내가 이수했던 J7과 J8 레벨 수업의 경우 대부분 학생 수가 3~4인인 소규모 강의로, 각 수업에서 내주는 과제의 양과 난이도가 만만치 않다. 그러니 처음에 너무 욕심을 부려 많은 강좌를 신청하면 진도를 따라가거나 시험공부를 하느라 학기 내내 허덕이기 쉽다. 이 시기는 수업뿐만 아니라 앞으로의 생활과 관련된 여러 가지 행정 절차를 밟고 기숙사의 살림살이를 장만하느라 정신없이 보내게 된다.

　봄 방학이 끝나고 4월부터 시작되는 신학기부터는 본격적으로 전공별 해당 연구실의 제미(ゼミ, 세미나)에 참여하게 된다. 각 연구실의 제미는 지도교수와 석·박사 과정의 대학원생, 학부 4학년생들로 구성된다. 매주 모여 현재까지의 연구 진척 상황을 보고하고 상호 피드백을 교환하는 자리다. 한일 양국의 교육과정 외 체육활동을 주제로 연구를 진행하던 나에게는 육상부 소속이었던 나의 튜터

를 비롯해 테니스, 배드민턴, 농구 등 다양한 운동부 출신의 대학원생들이 좋은 취재원들이 되어 주었다.

두 번째 학기에는 같은 기수의 다른 교원연수생들과 함께 영어로 진행되는 필수 수업들을 이수해야 한다. 여기에서는 본인의 연구 주제에 대해 돌아가며 발표하거나, 각 출신 국가의 학제와 교육과정에 대해 소개하는 시간을 가진다. 이전에는 자세히 알기 어려웠던 여러 나라의 교육적 현실과 당면 과제들을 서로 비교해 보는 계기가 되었다. 반대로 다른 국가의 교원연수생은 우리나라의 개정교육과정과 대학 입시 시스템에 많은 흥미를 보였다.

이 시기부터 공식적인 현지 학교 참관도 이루어지기 시작한다. 대부분 당일로 다녀올 수 있는 도쿄나 츠쿠바 인근의 학교들이지만 거리가 멀어 1박 2일의 일정이 되는 경우도 있다. 츠쿠바 부속 초·중·고등학교뿐만 아니라 사립학교, 특수학교, IB(국제 바칼로레아)학교 등 다양한 학교들의 시설을 둘러보는 것에 그치지 않고 재학생들과 함께 수업에 참여하거나 교류할 수 있는 시간이 주어지기 때문에 상당히 유익한 경험이었다.

츠쿠바대학교의 교원연수프로그램에는 마지막 학기에 졸업 여행의 형태로 2박 3일간의 현장학습이 예정되어 있다. 일본의 일반적인 중·고등학교 수학여행 코스를 해외의 교원들이 실제로 체험해 본다는 취지다. 여행지와 테마는 해마다 달라지는데, 이번 기수는 이시카와현(県)의 가나자와를 중심으로 시라카와 마을과 후쿠이 공룡 박물관을 방문해 전통문화를 견학하고 화석 발굴 과정을 체험하는 시간을 가졌다.

현장학습이 끝나고부터는 본격적으로 그동안 진행해 온 연구를 바탕으로 최종보고서에 집중해야 한다. 츠쿠바대학에서는 35페이지 내외 분량의 영어 또는 일본어로 연구보고서를 작성하도록 규정하고 있다. 해마다 조금씩 차이는 있지만 이번 기수의 경우 1월 초 최종보고서를 제출하고, 2월 중순 최종 발표회를 거쳐 2월 말 수료식을 치르는 일정으로 진행되었다.

8년간의 교직 생활을 뒤로한 채 오랜만에 다시 학생의 자리에 앉으니 새로운 감회가 찾아왔다. 늘 가르치고 평가하던 입장에서 배우고 평가받는 입장으로의 전환은 생경하면서도 이로웠다. 일반적으로 이러한 역할 바꾸기는 필연적으로 인식 구조의 재편성을 수반한다. 나 또한 기존 체육수업의 방법론에 대한 고민과 함께 스스로의 교수법을 점검해보는 기회로 삼게 되었다.

1980년 처음으로 시작된 문부과학성의 교원연수프로그램은 한일 우호 관계와 상호 교류를 유지하려는 양국 대사관의 노력으로 현재까지 이어지고 있다. 그러나 해를 거듭할수록 예산 삭감 등의 문제로 인해 초창기 15명이었던 선발인원은 점차 줄어 현재는 9명까지 축소되었다. 학교 입장에서도 합격자가 발생할 경우 장기간의 업무 공백이 불가피하다 보니 최근에는 교사 수급 문제를 들어 아예 대상자를 추천하지 않는 교육청도 늘고 있다고 한다.

하지만 개인적인 입장에서는 현장의 교원들이 국내 공교육 시스템의 장단점과 향후 과제에 대해 보다 객관적이고 국제적인 시선에서 바라보기 위해서라도 반드시 필요한 제도라고 생각한다. 비단 이 프로그램이 아니더라도 좀 더 많은 현직 교사들, 특히 저년차 교사들에게 다양한 해외 연수·파견 기회가 제공되었으면 하는 바람이다.

봄의 길목

최종 발표와 수료식까지 끝낸 교원연수생들에게는 이제 귀국까지 한 달여의 시간이 주어진다. 현장으로의 복귀를 앞두고 이곳에서의 마지막 임무는 바로 이 글들을 써나가는 일이다.

기억을 되살리기 위해 사신첩과 일기장을 들추어 보면서, 한 바퀴 반의 계절이 지나는 동안 퇴적된 마음의 무늬들을 내가 가진 언어로 가지런히 할 수 있었다. 처음에는 막연함과 불안감을 가지고 시작했지만 페이지가 늘어날수록 의식의 수면 위로 길어올려져 활자화된 생각들이 귀국을 앞두고 어지러운 심경을 도리어 달래 준다.

지금 이곳은 겨울을 지나 막 봄의 길목에 들어선 참이다. 겨우내 한 몸이다시피 했던 코타츠(난방기구)와도 작별하고 이제는 필요 없어진 가구와 살림들도 다른 유학생들에게 전부 나누어 주었다. 이치노야 기숙사의 내 방은 처음 도착했을 때의 황폐한 모습으로 점차 되돌아 가고 있는 중이다. 텅 빈 자리가 늘어날수록 그동안 이 공간에 쏟은 애정과 노력이 떠올라 마음이 아플 정도로 덧없게 느껴진다.

그래도 서울보다 따뜻한 이곳에서는 2월 말부터 봄기운이 찾아오기 시작해 쓸쓸함을 덜어주고 있다. 특히 츠쿠바산의 매화 마츠리는 이 인근에서 꽤 유명한 축제다. 시기를 잘 맞춰 가면 산의 비탈 전체를 가득 채운 다양한 품종의 매화들을 한 번에 만날 수 있다. 해설사의 설명을 들으며 꽃의 모양이나 색깔도, 향기도 조금씩 다른 매화나무 사이를 걸으면 이른 봄을 제대로 만끽하는 기분이 든다.

마츠리에는 여러가지 먹거리와 함께 이 지역 양조장에서 빚은 전통주를 시음

해볼 수 있는 노점도 마련되어 방문객들의 즐거움을 더한다. 나도 아쉬운 마음에 자두처럼 붉은 빛깔의 츠유아카네(露茜) 매실주를 츠쿠바를 떠나는 기념으로 한 병 챙겨 돌아갔다.

캠퍼스도 본격적인 봄맞이와 신학기 준비로 분주하다. 3월 첫째주에는 테니스 서클에서 치바현(千葉県)으로 봄 합숙을 다녀왔다. 치바현에서도 동쪽, 태평양에 면한 시라코마치는 인구 만 여명이 채 되지 않는 작은 바닷가 마을이지만 300개가 넘는 테니스 코트가 있어 동호인들의 방문이나 크고 작은 대회 등으로 연중 활기를 띤다. 내가 속한 테니스 서클도 45년 째 매년 봄 같은 숙소에 머물며 4박5일 간의 합숙 훈련을 하는 전통을 이어가고 있다.

합숙이 끝나자마자 교내 테니스 대회인 하루(春) 츠쿠바 단식 경기에 출전하는 일정이 이어졌다. 작년에 이어 올해 역시 1회전부터 강한 상대를 만나 탈락의 쓴 잔을 마셨지만 아무것도 하지 못하고 패배한 작년에 비해서는 많이 성장한 스스로가 조금은 대견하게 느껴진다. 코트 위에 의지할 사람이 오로지 나뿐인 단식 경기는 그동안 겁이 나서 피하고만 싶다고 생각했었는데, 처음으로 상대가 아니라 내 자신의 두려움과 제대로 마주해 싸워보고 싶다는 마음이 들었다. 이것도 합숙 훈련의 효과인건지.

귀국 직전인 3월의 마지막 주에는 츠쿠바대학의 테니스 코트에서 남자 프로 국제 대회인 메이케이 오픈이 열렸다. 올해의 슬로건은 'ーここから始まる(이곳에서부터 시작된다)'. 압도적인 신체적 능력과 운동 신경을 가진 여러 나라 선수들의 경기를 관람하다 보니 마지막 순간에 승부를 결정짓는 진정한 강함은 어디에서 기인하는지 헤아리고 싶어진다. 매치포인트에서조차 망설임 없는 저 단 한 번의 스윙을 하기 위해 아마 몇 만 번이나 라켓을 휘둘렀을 것이다.

미국의 소설가이자 문학비평가인 데이비드 포스터 윌리스는 저서인 『끈 이론 : 강박적이고 우울한 사람을 끌어들이는 가장 고독한 경기, 테니스』에서 세트제인 테니스 경기의 특징에 대해 다음과 같이 이야기한다.

"5전 3선승제는 신체적 지구력뿐 아니라 특별한 감정적 유연성을 요한다. 5전

3선승제에서는 시종일관 전력을 다할 수 없다. 언제 몰아붙이고 언제 뒤로 물러서 심리적 에너지를 비축할지 알아야 한다"

　교사로서의 생활 역시 이와 유사한 측면이 있다. 긴 교직 인생에서 중도에 소진되거나 패배하지 않기 위해서는 항상 정면으로 맞서기만 하는 것이 아니라 뒤로 물러서거나 때로 우회로를 택하는 전략도 필요하다. 비록 목적지에 도달하는 가장 빠른 길은 아닐지라도, 설령 방향을 잃고 헤매더라도 숨 고르기 할 수 있는 구간을 마련하는 일은 중요하다는 것을 이곳에서 깨달았다.
　잠시 원래의 주로에서 벗어나 걷던 나는 이제 일 년 반의 파견 기간을 마친 뒤 복직을 앞두고 있다. 츠쿠바에 있는 동안 처음에 다짐했던 모든 목표를 이루지는 못했지만, 지금은 하지 못한 일들에 대한 아쉬움보다는 원래 있던 자리로 돌아간다는 안도감이 더 크다. 나는 더 나은 교사가 되었을까? 잘 모르겠다. 다만 떠나갈 때가 다가오니 비로소 내 삶의 참고문헌이 풍부해졌음을 실감한다. 그러니 본래의 좌표로 복귀하더라도 이전보다는 조금 더 스스로의 부족함을 승인할 수 있을 것이다.
　그렇게 되기를 바란다.

에필로그 : 닻과 돛

'案ずるより産むが易し'라는 일본 속담이 있다. 직역하자면 '걱정하기 보다는 (아기를) 낳는 것이 오히려 쉽다'라는 뜻으로, 미리 이것저것 고민하지 말고 실제로 해 보는 것이 의외로 간단한 해결책이 될 수 있다는 의미다.

교직을 선택한 이후 유학 생활에 대한 막연한 동경이 있음에도 불구하고 여러 현실적인 제약들과 두려움으로 인해 선뜻 도전하지 못하고 있는 현직 교사들이 적지 않을 것이다. 앞서 소개한 속담처럼 나의 경우 이번 문부성 파견 제도를 통해 그 접경지대에서 짧은 기간이나마 일단 그 면면을 체험해 보니, 앞으로의 갈림길에서 어디로 발걸음을 옮겨야 할지가 더욱 분명해진 느낌이다.

아무리 한국과 가깝고 시차도 없는 일본이지만, 역시 다른 언어를 쓰며 다른 문화권 속에서 매일매일 살아간다는 것은 달리 비교할 수 없을 만큼 깊은 외로움에 내내 잠겨 지내는 일이다. 타지의 고등학교에서 기숙사 생활을 했을 때도, 대학생이 되어 처음으로 자취를 시작하면서도 느껴보지 못했던 생경한 외로움이었다.

타국에서 아무도 없이 혼자라는 느낌을 걷어낸 자리에 남은 것은 역시 그래도 사람은 혼자서만은 살아낼 수 없다는 안도 섞인 체념이었다. 낯선 곳에서 미처 기대하지 못했던 따뜻한 마음과 도움의 손길들을 많이 만났다. 무엇보다 값지게 느껴지는 건 평소 학교 현장에서 만날 기회가 적었던 연령대의, 다양한 국적의 사람들과 맺은 인연들이다. 고등학교를 갓 졸업한 대학교 신입생에서부터 박사 과정의 대학원생에 이르기까지 세계 여러 나라의 젊은이들이 지금 어떤 현실적인 고민과 가치관을 가지고 살아가는지 조금이나마 이해하게 되었다. 이 대화들이 앞으로의 교직 생활에도 인생에도 큰 자산이 되리라 믿는다.

타지 생활이 마련해 준 또 다른 소중한 선물은 내가 평생을 살아온 한국이라는 나라에 대해 한 발짝 떨어져 새롭게 바라볼 수 있게 해준 시각이다. 특히 한국인으로서 자랑스러움을 가장 강하게 실감했던 기회는 우연히 참여한 재일본대한민국민단 행사에서 재일교포 2세 분들과 대화를 나누었을 때 찾아왔다. 오늘날에 이르기까지 몇 번이나 거센 역사적 파고를 버텨 온 분들의 이야기를 들으며 그동안 자각하지 못했던 국적이라는 정체성이 얼마나 개인을 강렬히 규정할 수 있는지 깨달은 순간이었다.

뒤돌아 생각해 보면 츠쿠바에서 지낸 일 년 반은 내 마음의 수심을 면밀히 측량하는 시간이었다. 그동안 가늠할 수 없었던 바닥 깊은 곳의 지형까지도 이전보다 더 잘 이해하게 되었다. "만약 내가 더 적극적이고 외향적인 성격이었다면…", "만약 더 어린 나이에 파견을 준비해서 왔더라면…" 등등의 후회를 거듭한 적도 있었지만, 결국 이런 후회들마저도 직접 부딪혀 얻어낸 것들이므로 마냥 무의미하지만은 않았다고 생각한다.

이미 오래전 삶이든 수업이든 계열성과 계속성이 담보될 때 더욱 풍요로워지는 법이라고 배웠다. 그 이유는 우리가 계열적으로 기억하고 계속적으로 기대하는 존재이기 때문일 것이다. 기억이라는 닻을 내리고 기대라는 돛을 펼칠 때 비로소 의미의 바다를 건너며 표류하지 않을 수 있음을 안다.

항해와 정박을 거듭해야 하는 우리들의 앞에 어떤 풍랑이 기다리고 있을지는 모르지만, 아마 이곳에서 겪은 나날들로 또다시 새로운 이야기들을 엮어나갈 수 있을 것이다. 다음을 생각하는 마음으로.

2024년 3월 츠쿠바에서

교사 8호우

복직 투정(맺는 글)

책의 마지막에는 늘 맺는 글이라고 해서 본문에 다 담아내지 못한 글이 들어간다. 역서(譯書)의 경우 주로 책을 번역한 사람이 책에 관한 소고를 남겨 놓는데 비슷한 맥락으로 이 책에서는 파견의 역(逆) 즉, 복직 후의 소고를 담은 '복직 투정'으로 우리의 긴 파견 이야기를 끝맺고자 한다.

책을 써보니 책 한 권에 2년간의 파견 생활을 다 담을 수 없다는 걸 깨달았다. 하지만 파견 기간에 겪은 굵직한 장면들을 제법 진솔하게 글로 남긴 것은 아무리 생각해도 참 잘한 일이다. 내가 쓴 파견 이야기를 글로 다시 읽는 것도 좋았지만 같은 시기 다른 곳으로 떠난 후배들의 파견 이야기를 훔쳐보는 재미가 쏠쏠했다. 비록 이 글을 쓰는 시점에도 우리가 모은 글들이 정말로 출간될 수 있을지 의심스럽긴 하지만… 아마 파견에 관한 이야기를 쓰지 않았다면 그 시절을 회상할 시간도 없었을 거다. 복직은 찐 현실이기 때문이다. 다시 학교라는 사각의 링에 오르니 사정없이 펀치가 날아든다. 슉슉.

파견이라는 시간·공간은 꿈같았다. 물론 다 좋은 의미는 아니다. 악몽 같았던 때도 있었다. 다시 한번 강조하면 이 책에는 '파견의 필요성'과 '파견의 불필요성'이 함께 담겨있다. 학교를 떠나 월급을 받으면서 특별 연수를 받는다고 해서 큰 낭만을 기대한다면 실망할 가능성이 높다. 파견 제도 자체는 아무것도 보장해 주지 않는다. 대신 백지 수표처럼 2년이라는 시간이 주어질 뿐 이를 어떻게 채워 넣을지는 오롯이 본인의 몫이다. 따지고 보면 대놓고 백지 수표도 아니다. 출근, 대학원 수업, 연구실 생활, 논문 작성, 논문 발표는 파견 생활의 오선지다. 파견 생활은 이 오선지 위에서 펼쳐진다. 작곡과 연주는 알아서 해야 하지만 주변에 듣고 보는 사람들이 늘 존재하므로 모범을 보여야 한다. 공무원으로서의 품위는 유지해야 한다.

파견을 갔다 왔으니까 드는 생각일지 모르지만 누가 '다시 돌아갈래?'라고 묻는다면 나는 50:50이다. 복직 후의 생활은 녹록지 않다. 복직하기 한 달 전부터는 불안해지기 시작한다. 어쩌면 파견이 시작된 날부터였을 지도 모를 복직에 대한 불안감이 극에 달한 것이다. 빈 종이 위에 살다가 할 일로 가득 채워진 종이 위에 다시 서는 기분이었다. 비교적 안정된 교직, 학교라는 공간도 2년 만에 꽤 많이 바뀌어 있었다. 계속 근무를 했다면 조금씩 그 변화에 적응했을 텐데 복직 후에는 그 변화를 한 번에 큰 파도처럼 맞아야 했다. '파견을 안 갔으면 이렇게 헤맬 일도 아닌데'라는 생각이 드는 순간이 많다.

신학기 준비 기간, 학기 초 정신없이 돌아가는 학교생활에 몸이 적응하는 데도 시간이 걸렸다. 다시 의욕에 차 수업을 하다가 4월에는 목이 완전히 가버렸다. 쇳소리만 났다. 목소리가 안 나오는 건 교사 8호도 마찬가지였다. 복직 후 5월에 파견교사 셋이 밥 먹자고 모였는데 대화가 안 될 정도였다. 학교 현장의 감은 2년 사이 많이 떨어져 있었다. 체력도 마찬가지다.

파견 기간 생각한 것들을 실천하기 위해 여러 가지 일들을 벌이는 것도 문제다. 파견 기간 오지랖이 넓어졌다. 말도 많아졌다. 사실 와이프는 내가 말이 없어서 결혼했다. 요즘은 말을 왜 이렇게 많이 하냐며 잔소리할 정도다. 파견 기간 살이 많이 빠졌는데 말을 많이 해서 빠진 것일 수 있겠다. 위에서 나열한 것들을 나름 좋게 해석해 보면 생각이 깊어지고, 인간관계가 넓어지고, 말솜씨가 늘었다고 할 수 있지 않을까? 복직 후 힘든 건 분명하다.

첫 학기가 어떻게 지나갔는지 모르겠다. 복직 투정도 많이 했고 이렇게 여전히 진행 중이다. 하지만 어떻게든 한 학기가 지나고 1년, 2년이 지나면 학교생활은 분명 익숙해질 거다. '파견 기간 경험한 것으로 인해 교직 생활이 더 넓어지고 깊어지지 않을까?' 기대하며 복직 투정을 마치고자 한다. 이제는 학교에서, 가정에서 투정보다는 투쟁해야 할 때이기 때문이다. 마지막으로 파견을 꿈꾸는 교사든, 우리처럼 파견을 직접 경험한 교사든, 책으로 파견을 간접 경험한 교사든 간에 어차피 모두가 발 붙일 곳은 학교라는 점을 명심하길 바란다. 어디를 다녀오든 결국, 우리는 학교에 Unpack 해야 한다.

복직 후 한 학기를 마치며

파견을 마친 교사 5호

인 쇄	2024년 8월 26일 인쇄
발 행	2024년 8월 29일 발행
지 음	권혁찬	이근원	이새하
발행처	레인보우북스
주 소	서울 관악구 신림로 75 레인보우B/D
전 화	02) 2032-8800 02) 871-0935(팩스)
E-mail	min8728151@rainbowbook.co.kr

ISBN 978-89-6206-554-1 (03690)
정 가 15,000원

*잘못된 책은 구입처에서 교환하여 드립니다.